川派中医药名家系列丛书

钟以泽

主编 ◎ 米雄飞　黄莺

西南交通大学出版社

·成都·

图书在版编目（ＣＩＰ）数据

川派中医药名家系列丛书. 钟以泽 / 米雄飞，黄莺
主编.--成都：西南交通大学出版社，2023.10
　　ISBN 978-7-5643-9272-7

　　Ⅰ. ①川… Ⅱ. ①米… ②黄… Ⅲ. ①钟以泽 – 生平
事迹②中医临床 – 经验 – 中国 – 现代 Ⅳ. ①K826.2
②R249.7

中国国家版本馆 CIP 数据核字（2023）第 076730 号

Chuanpai Zhongyiyao Mingjia Xilie Congshu Zhongyize
川派中医药名家系列丛书 钟以泽

米雄飞　　黄莺 / 主编

责任编辑 / 刘　昕
助理编辑 / 姜远平
封面设计 / 原谋书装

西南交通大学出版社出版发行
（四川省成都市金牛区二环路北一段 111 号西南交通大学创新大厦 21 楼　610031）
营销部电话：028-87600564　　028-87600533
网址：http://www.xnjdcbs.com
印刷：四川煤田地质制图印务有限责任公司

成品尺寸　170 mm×240 mm
印张　9.75　　插页：4
字数　161 千
版次　2023 年 10 月第 1 版　　印次　2023 年 10 月第 1 次

书号　ISBN 978-7-5643-9272-7
定价　66.00 元

钟以泽工作照

钟以泽在成都中医学院附院首届外科班的结业留影

钟以泽教授诊病

首届钟以泽学术经验培训班合影

钟以泽教授夫妻和弟子们的合影

钟以泽带教留学生

钟以泽（右1）和其他名中医合影

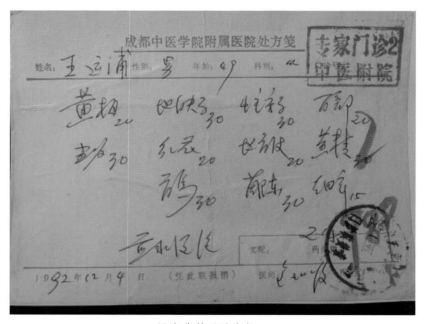

90年代钟以泽处方

中华中医药学会首届中医药传承

特别贡献奖

钟以泽 教授

中华中医药学会
二〇〇六才二月二十日

钟以泽获中华中医药学会"特别贡献奖"证书

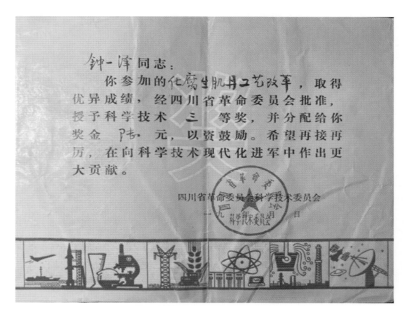

钟一泽同志：

你参加的化腐生肌丹工艺改革，取得优异成绩，经四川省革命委员会批准，授予科学技术 三 等奖，并分配给你奖金 陆 元，以资鼓励。希望再接再厉，在向科学技术现代化进军中作出更大贡献。

四川省革命委员会科学技术委员会
一九　　年　　月　　日

"化腐升肌丹"获奖证书

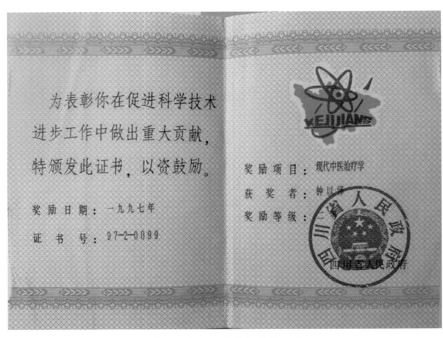

为表彰你在促进科学技术
进步工作中做出重大贡献，
特颁发此证书，以资鼓励。

奖励日期：一九九七年

证　书　号：97-2-0099

奖励项目：现代中医治疗学

获奖者：钟以泽

奖励等级：

《现代中医治疗学》获奖证书

证　书

钟以泽同志：

　　为了表彰您为发展我国
医疗卫生事业做出的突
出贡献，特决定发给您特
殊津贴并颁发证书。

政府特殊津贴第9510050号

一九九八年十月一日

钟以泽获国务院"特殊津贴"证书

编委会

《川派中医药名家系列丛书》编委会

总　主　编：田兴军　　杨殿兴

副总主编：李道丕　　张　毅　　和中浚

总　编　委：尹莉　陈莹

编写秘书：彭　鑫　贺　飞　邓　兰

《钟以泽》编委会

主　　编：米雄飞　　黄莺

副主编：李春霄　　李天浩　　余　曼

编　　委：李　煜　　严晓萍　　葛孝培

　　　　　陈新龙　　肖　蕊　　赵祖云

主　　审：米雄飞

总 序 —————————加强文化建设，唱响川派中医

四川，雄居我国西南，古称巴蜀，成都平原自古就有天府之国的美誉，天府之土，沃野千里，物华天宝，人杰地灵。

四川号称"中医之乡、中药之库"，巴蜀自古出名医、产中药，据历史文献记载，从汉代至明清，见诸文献记载的四川医家有 1000 余人，川派中医药影响医坛 2000 多年，历久弥新；川产道地药材享誉国内外，业内素有"无川（药）不成方"的赞誉。

▌医派纷呈　源远流长

经过特殊的自然、社会、文化的长期浸润和积淀，四川历朝历代名医辈出，学术繁荣，医派纷呈，源远流长。

汉代以涪翁、程高、郭玉为代表的四川医家，奠定了古蜀针灸学派，郭玉为涪翁弟子，曾任汉代太医丞。涪翁为四川绵阳人，曾撰著《针经》，开巴蜀针灸先河，影响深远。1993 年，在四川绵阳双包山汉墓出土了最早的汉代针灸经脉漆人；2013 年，在成都老官山再次出土了汉代针灸漆人和920支医简，带有"心""肺"等线刻小字的人体经穴鬃漆人像是我国考古史上首次发现，应是迄今我国发现的最早、最完整的经穴人体医学模型，其精美程度令人咋舌！又一次证明了针灸学派在巴蜀的渊源和影响。

四川山清水秀，名山大川遍布。道教的发祥地青城山、鹤鸣山就座落在成都市。青城山、鹤鸣山是中国的道教名山，是中国道教的发源地之一，自东汉以来历经 2000 多年，不仅传授道家的思想，道医的学术思想也因此启蒙产生。道家注重炼丹和养生，历代蜀医多受其影响，一些道家也兼行医术，如晋代蜀医李常在、李八百，宋代皇甫坦，以及明代著名医家韩懋（号飞霞道人）等，可见丹道医学在四川影响深远。

川人好美食，以麻、辣、鲜、香为特色的川菜享誉国内外。川人性喜自在休闲，养生学派也因此产生。长寿之神——彭祖，号称活了 800 岁，相传他经历了尧舜夏商诸朝，据《华阳国志》载："彭祖本生蜀"，"彭祖家其彭蒙"，由此推断，彭祖不但家在彭山，而且他晚年也落叶归根于此，死后葬于彭祖山。彭祖山座落在成都彭山县，彭祖的长寿经验在于注意养生锻炼，他是我国气功的最早创始人，他的健身法被后人写成《彭祖引导法》；他善烹饪之术，创制的"雉羹之道"被誉为"天下第一羹"，屈原在《楚辞·天问》中写道："彭铿斟雉，帝何飨？受寿永多，夫何久长？"反映了彭祖在推动我国饮食养生方面所做出的贡献。五代、北宋初年，著名的道教学者陈希夷，是四川安岳人，著有《指玄篇》《胎息诀》《观空篇》《阴真君还丹歌注》等。他注重养生，强调内丹修炼法，将黄老的清静无为思想、道教修炼方术和儒家修养、佛教禅观会归一流，被后世尊称为"睡仙""陈抟老祖"。现安岳县有保存完整的明代陈抟墓，有陈抟的《自赞铭》，这是全国独有的实物。

四川医家自古就重视中医脉学，成都老官山 2021 年冬出土的汉代医简中就有《逆顺五色脉臟验精神》一书，其余几部医简经整理定名为《脉书·上经》《脉书·下经》《刺数》《犮理》《治六十病和齐汤法》《疗马书》。学者经初步考证推断极有可能为扁鹊学派已经亡佚的经典书籍。扁鹊是脉学的倡导者，而此次出土的医书中脉学内容占有重要地位，一起出土的还有用于经脉教学的人体模型。唐代杜光庭著有脉学专著《玉函经》三卷，以后王鸿骥的《脉诀采真》、廖平的《脉学辑要评》、许宗正的《脉学启蒙》、张骥的《三世脉法》等，均为脉诊的发展做出了贡献。

昝殷，唐代四川成都人。昝氏精通医理，通晓药物学，擅长妇产科。唐大中年间，他将前人有关经、带、胎、产及产后诸症的经验效方及自己临证验方共378首，编成《经效产宝》三卷，是我国最早的妇产学科专著。加之北宋时期的著名妇产科专家杨子建（四川青神县人）编著的《十产论》等一批妇产科专论，奠定了巴蜀妇产学派的基石。

宋代，以四川成都人唐慎微为代表撰著的《经史证类备急本草》，集宋代本草之大成，促进了本草学派的发展。宋代是巴蜀本草学派的繁荣发展时期，陈承的《补注神农本草并图经》，孟昶、韩保昇的《蜀本草》等，丰富、发展了本草学说，明代李时珍的《本草纲目》正是在此基础上产生的。

宋代也是巴蜀医家学术发展最活跃的时期。四川成都人、著名医家史崧献出了家藏的《灵枢》，校正并音释，名为《黄帝素问灵枢经》由朝廷刊印颁行，为中医学发展做出了不可估量的贡献，可以说，没有史崧的奉献就没有完整的《黄帝内经》。虞庶撰著的《难经注》、杨康侯的《难经续演》，为医经学派的发展奠定了基础。

史堪，四川眉山人，为宋代政和年间进士，官至郡守，是宋代士人而医的代表人物之一，与当时的名医许叔微齐名，其著作《史载之方》为宋代重要的名家方书之一。同为四川眉山人的宋代大文豪苏东坡，也有《苏沈内翰良方》（又名《苏沈良方》）传世，是宋人根据苏轼所撰《苏学士方》和沈括所撰《良方》合编而成的中医方书。加之明代韩懋的《韩氏医通》等方书，一起成为巴蜀医方学派的代表。

四川盛产中药，川产道地药材久负盛名，以回阳救逆、破阴除寒的附子为代表的川产道地药材，既为中医治病提供了优良的药材，也孕育了以附子温阳为大法的扶阳学派。清末四川邛崃人郑钦安提出了中医扶阳理论，他的《医理真传》《医法圆通》《伤寒恒论》为奠基之作，开创了以运用附、姜、桂为重点药物的温阳学派。

清代西学东进，受西学影响，中西汇通学说开始萌芽，四川成都人唐宗海以敏锐的目光捕捉西学之长，融汇中西，撰著了《血证论》《医经精义》《本草问答》《金匮要略浅注补正》《伤寒论浅注补正》，后人汇为《中西汇通医书五种》，成为"中西汇通"的第一种著作，也是后来人们将主张中西医兼容思想的医家称为"中西医汇通派"的由来。

▍名医辈出　学术繁荣

新中国成立后，历经沧桑的中医药，受到党和国家的高度重视，在教育、医疗、科研等方面齐头并进，一大批中医药大家焕发青春，在各自的领域里大显神通，中医药事业欣欣向荣。

四川中医教育的奠基人——李斯炽先生，在1936年创办的"中央国医馆四川分馆医学院"（简称"四川国医学院"）中，先后担任过副院长、院长，担当大任，艰难办学，为近现代中医药人才的培养立下了汗马功劳。该院为国家批准的办学机构，虽属民办但带有官方性质。四川国医学院也是成都中医学院（现成都中医药大学）的前身，当时汇集了一大批中医药的仁人志士，如内科专家李斯炽、伤寒专家邓绍先、中药专家凌一揆等，还有何伯勋、杨白鹿、易上达、王景虞、周禹锡、肖达因等一批蜀中名医，可谓群贤毕集，盛极一时。共招生13期，培养高等中医药人才1000余人，这些人后来大多数都成为新中国成立后的中医药领军人物，成了四川中医药发展的功臣。

1955年国家在北京成立了中医研究院，1956年在全国西、北、东、南各建立了一所中医学院，即成都、北京、上海、广州中医学院。成都中医学院第一任院长由周恩来总理亲自任命。李斯炽先生继担任四川国医学院院长之后又成为成都中医学院的第一任院长。成都中医学院成立后，在原国医学院的基础上，又汇集了一大批有造诣的专家学者，如内科专家彭履祥、冉品珍、彭宪章、傅灿冰、陆干甫；伤寒专家戴佛延；医经专家吴棹仙、李克光、郭仲夫；中药专家雷载权、徐楚江；妇科专家卓雨农、曾敬光、唐伯渊、王祚久、王渭川；温病专家宋鹭冰，外科专家文琢之，骨、外科专家罗禹田，眼科专家陈达夫、刘松元；方剂专家陈潮祖，医古文专家郑孝昌；儿科专家胡伯安、曾应台、肖正安、吴康衡；针灸专家余仲权、薛鉴明、李仲愚、蒲湘澄、关吉多、杨介宾；医史专家孔健民、李介民；中医发展战略专家侯占元等。真可谓人才济济，群星灿烂。

北京成立中医高等院校、科研院所后，为了充实首都中医药人才的力量，四川一大批中医名家进驻北京，为国家中医药的发展做出了巨大贡献，也展现了四川中医的风采！如蒲辅周、任应秋、王文鼎、王朴城、王伯岳、冉雪峰、杜自明、李重人、叶心清、龚志贤、方药中、沈仲圭等，各有精专、影响广泛，功勋卓著。

北京四大名医之首的萧龙友先生，为四川三台人，是中医界最早的学部委员（院士，1955 年）、中央文史馆馆员（1951 年），集医道、文史、书法、收藏等为一身，是中医界难得的全才！其厚重的人文功底、精湛的医术、精美的书法、高尚的品德，可谓"厚德载物"的典范。2010 年 9 月 9 日，故宫博物院在北京为萧龙友先生诞辰 140 周年、逝世 50 周年，隆重举办了"萧龙友先生捐赠文物精品展"，以缅怀和表彰先生的收藏鉴赏水平和拳拳爱国情怀。萧龙友先生是一代举子、一代儒医，精通文史，书法绝伦，是中国近代史上中医界的泰斗、国学家、教育家、临床大家，是四川的骄傲，也是我辈的楷模！

▍追源溯流 振兴川派

时间飞转，掐指一算，我自 1974 年赤脚医生的"红医班" 始，到 1977 年大学学习、留校任教、临床实践、跟师学习、中医管理，入中医医道已 40 年，真可谓弹指一挥间。俗曰：四十而不惑，在中医医道的学习、实践、历练、管理、推进中，我常常心怀感激，心存敬仰，常有激情冲动，其中最想做的一件事就是将这些中医药实践的伟大先驱者，用笔记录下来，为他们树碑立传、歌功颂德！缅怀中医先辈的丰功伟绩，分享他们的学术成果，继承不泥古，发扬不离宗，认祖归宗，又学有源头，师古不泥，薪火相传，使中医药源远流长，代代相传，永续发展。

今天，时机已经成熟，四川省中医药管理局组织专家学者，编著了大型中医专著《川派中医药源流与发展》，横跨 2000 年的历史，梳理中医药历史人物、著作，以四川籍（或主要在四川业医）有影响的历史医家和著作为线索，理清历史源流和传承脉络，突出地方中医药学术特点，认祖归宗，发扬传统，正本清源，继承创新，唱响川派中医药。其中，"医道溯源"是以"民国"前的川籍或在川行医的中医药历史人物为线索，介绍医家的医学成就和学术精华，作为各学科发展的学术源头。"医派医家"是以近现代著名医家为代表，重在学术流派的传承与发展，厘清流派源流，一脉相承，代代相传，源远流长。《川派中医药源流与发展》一书，填补了川派中医药发展整理的空白，是集四川中医药文化历史和发展现状之大成，理清了川派学术源流，为后世川派的研究和发展奠定了坚实的基础。

我们在此基础上，还编著了《川派中医药名家系列丛书》，汇集了一大批近现代四川中医药名家，遴选他们的后人、学生等整理其临床经验、学术思想编辑成册。预计编著一百人，这是一批四川中医药的代表人物，也是难得的宝贵文化遗产，今天，经过大家的齐心努力终于得以付梓。在此，对为本系列书籍付出心血的各位作者、出版社编辑人员一并致谢！

由于历史久远，加之编撰者学识水平有限，书中罅、漏、舛、谬在所难免，敬望各位同仁、学者，提出宝贵意见，以便再版时修订提高。

中华中医药学会　　　副会长

四川省中医药学会　　　会长

四川省中医药管理局　　原局长　　杨殿兴

成都中医药大学　教授　博士生导师

2015 年春初稿

2022 年春修定于蓉城雅兴轩

编写说明

　　钟以泽教授是四川省政府表彰的第二届十大名中医，从事中医外科临床、教学、科研工作 50 余年，中医药理论深厚，实践经验丰富，基于"取象比类""异病同治"学术思想，"益气养阴""以皮治皮"治疗方法独特，自创验方已收录为治疗痤疮、脂溢性皮炎、瘙痒性皮肤病、多种慢性缓解期的免疫系统疾病的特色诊疗方案。本书对钟以泽临床经验与学术思想进行了系统整理，分为生平简介、临床经验、学术思想、学术传承、论著提要和学术年谱几个部分，重点突出了验方、验案及用药特色。本书内容丰富，切合临床，深入浅出，力求拓展读者的临床思路，适合广大中医外科医师、中医院校师生和中医药爱好者阅读。

　　四川作为全国中医药大省，自古及今拥有"中医之乡、中药之库"之美誉，省中医药管理局高度重视我省中医药文化，为推动全省中医药发展，发掘名老中医学术思想，特列"川派中医药名家学术思想及临床经验研究专项"，出版川派中医药名家系列丛书。钟以泽作为四川省第二届十大名中医、全国名老中医药专家学术经验继承工作指导老师、享受国务院政府津贴专家，在川派中医药名家受邀之列。

　　钟以泽从医 50 余年来，秉持"认认真真看病，堂堂正正做人"的信念，博览群书，学植深厚，融古达今，尊经不泥古，创新有所本，积累了丰富的临床经验。作为国家级师带徒导师，以身作则，谆谆教诲，培养了众多杏林学子。

本书收集了钟以泽从医 50 余年现有的医案、处方、讲稿、聘书、获奖证书、照片，公开发表的论文，出版的著作，学术继承人多年跟师笔记、心得体会等资料，以生平简介、临床经验、学术思想、学术传承、论著提要和学术年谱六个部分内容汇总成册，编者力求深刻领悟并凝练出钟老的辨证思维、诊治经验和学术思想，以飨同道。

本书得以顺利付梓，感谢四川省中医药管理局的专项经费资助，感谢成都中医药大学、成都中医药大学附属医院的大力支持，感谢钟老对本书的悉心指导和无私奉献，感谢多位同学提供的原始资料。由于时间匆促，编者水平和经验有限，书中缺点和疏漏之处恐仍难免，敬祈指正。

编者

2022 年 1 月 18 日

目录

生 平 简 介

川派中医药名家系列丛书　钟以泽

钟以泽（1938—2020），生于四川省内江县，大学本科学历，主任中医师、教授、硕士生导师。1963 年 9 月毕业于成都中医学院（现成都中医药大学）医学系，毕业后即留成都中医学院附属医院中医外科（现皮肤科）工作至今。先后担任过大外科党支部书记，中医外科教研室主任，附属医院大外科主任，皮肤科主任。后为四川省第二届十大名中医、国家名老中医师带徒导师，享受国务院政府津贴专家。曾系中华中医药学会外科学会委员、中华中医药学会科学技术奖评审专家、乳腺病专委会副主任委员、外治法专委会副主任委员，四川省中医药学会常务理事、四川省中医药学会外科专委会名誉主任委员，成都中医药学会常务理事、外科专委会主任委员。

钟老出生于世医之家，祖父、大叔、父亲皆从事中医诊病，并经营药店。祖父擅长儿科，大叔擅长内科，父亲擅长内科、妇科。由于环境关系，从小对中药就有所认识。钟老在读小学一年级时，曾患过一次重病，当时已昏迷，粒米不进，家人都认为危在旦夕，可能没有希望了，其祖父也没有多大把握，抱着"死马当活马医"的想法，想尽各种办法，最后奇迹般治好了，使他获得了第二次生命，这些无形中使钟老对中医药产生了兴趣。初小毕业后父亲有意让钟老继承家业，并请了一位私塾老师，与村里同龄孩子一起入读私塾，学习四书等，每天布置作业，第二天还要交给老师审批。在此期间，父亲叫他学习《医学三字经》，开始初涉中医书籍，同时在药店学习一些药物的炮制方法和咀片的切法。钟老回忆道，印象中最深的是黄柏用米汤浸后卷曲成卷条状；芍药切成纸一样薄，随风都可以吹起来；厚朴切时要涂上植物油，父亲开药方均写油朴等。在当地，祖父、大叔和父亲都小有名气，当地人称其祖父为"钟小儿"，称其大叔为"大老师"，称其父亲为"二老师"。尤其他大叔，除镇上赶集时在自己经营的药店坐诊外，其余时间都是在乡间送医上门。而且他们医德高尚，对病员体贴，经常遇到病员没钱抓药，仍然把药给病员，从无贫富之分，这些使他幼小的心灵受到很深的熏陶，在心中也埋伏下致力学医、救死扶伤的志向。新中国成立后，父亲认为他还是应该继续读书，多学些知识。因而钟老在小学复读一年后，考入初中、高中继续求学。高考时，正逢成都中医学院面向社会第一次招生，钟老第一志愿便是报考中医学院，最终实现了个人心愿，考入该校。当时学院办学条件较差，没有正规的教材，边上课边发油印的教本，而且是零散发给，最后订成册。1958 年学院派他们到青川、平武等地做梅毒的调查和防治工作，当时工作和生活都很艰苦。作为一名医学生，未来的医务工作者，他第一次体验怎样当好一名医生，如何对待自己的工作，怎样去关心病员，也真正了解到贫穷山区人民的疾苦以及对医药的渴望需求，这些对他从事以后的工作起到了很好的激励作用，更坚定了学好中医药、更好地为人民解除疾苦的信心。以后又遇到"大炼钢铁""三年自然灾害"等，对学业上有一些影响，但他仍未荒废学业，坚持学习，直到毕业被分配到学院附属医院外科工作。在毕业实习阶段，钟老曾跟随多位名师，不仅学习他们的好思想、好作风，也认真学习了他们好的医疗技术和诊疗经验，为自己的从医道路打下了良好的基础。在工作岗位上，他勇于实践，只要有空闲时间就到其他老师处虚心学习，对其诊疗技术水平的提高起到了很大的帮助。同时他在临床实践中注意总结，不断探究新路。通过长期临床实践，他深刻地体会到中医治病疗效的差异主要在于辨证的准确与否，这是治病的根本，只要做到认证明确、辨证准确、用药得当，则可药到病除。清代名医赵濂《医门外要》说："医贵乎精，学贵乎博，识贵乎卓，心贵乎虚，业贵乎专，言贵乎显，法贵乎活，方贵乎纯，治贵乎巧，效贵乎捷"。这就是良医标准。有人说中医难学，难就难在辨证上，钟老认为中医玄妙莫测也在于此，但这也是中医学的优势和特色所在。

在教育学生成长过程中，钟老教导学生必须要有扎实的理论基础，这是至关重要的，因为这是中医临床、科研等的指导原则和方向，因此必须加强经典著作的学习，只有明其理，知其晓，才能达到认证明确、辨证准确、用药精当，才能取得好的治疗效果。

自 1963 年毕业之后，钟老已从事教学、医疗、科研 50 余年，积累了丰富的教学和临床经验，在治疗疾病中强调以和气血、调脏腑而达阴平阳秘。曾著有《中医外科学》《现代中医治疗学》等著作，其中《现代中医治疗学》一书获省科委及省中医管理局二等奖；交流学术论文《中医药治疗脉管炎体会》《胆囊炎与痰饮》《靛玉红治疗银屑病 207 例临床疗效观察》《湿疹证治》《养阴法在外科临床应用》《黄褐斑中医辨证治疗规律》等 20 余篇，有多篇论文获省科协、省中医学会优秀论文奖。科研方面，参与"化腐生肌丹"工艺改革，该项目获省科技三等奖；主研"外伤灵治疗创伤研究"课题获省中医管理局三等奖；科研课题"强力止痒胶囊治疗变态反应性疾病"通过省中医管理局鉴定；科研项目"巴布膏的研制"通过省教委鉴定。钟老在临床诊疗中擅长运用益气养阴法，对中医外科、皮肤科疾病的诊治有独到的见解和研究，对红斑狼疮、硬皮病、皮肌炎、天疱疮、脉管炎、白癜风、黄褐斑、乳腺疾病等的诊治取得了满意的疗效。曾到以色列、韩国进行学术交流。钟老不但医术精湛，而且对病员和蔼可亲，从不计较个人得失，全心全意为病员服务。他的求医者甚多，通常每日门诊量 60 ～ 80 人次，深受病员赞誉。钟老在医疗实践中不断总结经验，创立了三皮止痒汤、三皮消痤汤和三黄固本汤等多个经验方；研制了治疗乳腺增生病的消核口服液，治疗黄褐斑的活化二号口服液，治疗白癜风的白癜酊，治疗银屑病的白疕软膏、祛银擦剂，疗效显著，深受病员欢迎。

海纳百川，有容乃大，钟老治学亦是如此。他尊经而不泥古，创新而有所本。他不但酷爱读书，而且善于思考，尤能取人之长、补己所短，并从他人经验教训之中，找出自己进取之路，厚积薄发，为中医事业贡献自己的一份力量。

川派

川派中医药名家系列丛书　钟以泽

临 床 经 验

一、医 案

（一）皮肤性病医案

1. 白塞氏病

王某，男，40 岁，2016 年 9 月初诊。

刻诊：口腔、外阴、双上肢反复红斑溃疡 6 月余，加重半月。6 月余前，患者口腔反复出现口腔溃疡伴疼痛，后外阴出现红斑丘疹，部分丘疹顶端破溃结痂，于外院就诊，针刺试验（+），诊断为"白塞氏病"，目前口服强的松、沙利度胺，病情好转后再次复发。口干口苦，大便干，舌质红，苔黄腻，脉弦。

诊断：白塞氏病

辨证：湿热证

治法：清热解毒，除湿止痛

方剂：黄连解毒汤加减

药物：黄芩 10 g　　　黄连 5 g　　　　黄柏 10 g　　　车前草 10 g
　　　生地黄 15 g　　川牛膝 10 g　　鸡血藤 30 g　　川芎 10 g
　　　知母 10 g　　　连翘 15 g　　　火麻仁 10 g　　白花蛇舌草 30 g

14 剂，每日 1 剂，水煎服。

二诊：1 月后复诊，口腔溃疡新发减少，外阴无新发皮疹，口苦症状改善，仍感口干，眠差，舌质红，苔少，脉细弦。

辨证：阴虚证

治法：滋阴清热，解毒止痛

方剂：沙参麦冬汤加减

药物：北沙参 30 g　　麦冬 15 g　　　知母 10 g　　　黄芩 10 g
　　　生地黄 15 g　　牡丹皮 15 g　　鳖甲 5 g　　　　川芎 10 g
　　　桔梗 10 g　　　白花蛇舌草 30 g　酸枣仁 10 g

14 剂，每日 1 剂，水煎服。

半月后复诊，基本无新发皮疹，辨证同前，嘱其继服上方。

按： 白塞氏病属中医"狐惑病"，古籍记载"狐惑之为病，状如伤寒，默默欲眠，目不得闭，卧起不安，蚀于喉为惑，蚀于阴为狐"。表现为反复发作的外阴、口腔溃疡及眼周皮肤病变。西医治疗有效，但容易复发，往往结合中药效果更佳。钟老认为此患者的发病病机前期以湿热雍盛为主，可因平时饮食不节，好食辛辣肥甘之品，另四川盆地夏季气候潮湿闷热，导致湿热内蕴，湿气重浊向下，热毒上炎，发为口腔及外阴溃疡，故治疗当以清热利湿解毒为主。方选经典方"黄连解毒汤"，黄芩、黄连、黄柏可清三焦湿热，配车前草加强清热燥湿功效；连翘、白花蛇舌草清热解毒，且白花蛇舌草有较强的抗菌消炎作用；鸡血藤、川芎活血行气止痛，钟老常叮嘱除湿方中需加用活血药，可通过改善血液循环加快代谢而将湿气祛除；生地黄、知母清热养阴生津，一可治疗患者口干症状，二可使活血不伤阴；最后加入火麻仁润肠通便，予湿邪毒邪以去路。钟老认为在疾病后期此病缠绵难愈，易久病多虚，湿盛伤气，热灼伤阴，致正虚邪恋，气阴两虚，故后方选用"沙参麦冬汤"对症治疗。方中沙参、麦冬为益气养阴要药；鳖甲、知母、生地黄、牡丹皮取自"青蒿鳖甲汤"，鳖甲直入阴分，滋阴退热，可散结，生地黄、知母滋阴凉血降火，诸药合用治疗各种慢性疾病后期阴虚火旺症候者。同上方加入川芎行气活血，白花蛇舌草在滋阴同时不忘解毒，因患者仍有口腔溃疡，予桔梗引药性向上，酸枣仁养阴安神助眠。综上，对白塞氏病的治疗，准确辨别疾病的虚实盛衰是指导用药选方的关键，并根据其他症状进行随症加减。在西医治疗的同时配以中药，通常有更好的疗效。

2. 带状疱疹

王某，女，57 岁，2014 年 2 月 8 日就诊。

刻诊：5 天前左胸胁部灼热疼痛，而后相继起红斑及水疱，呈群簇状单侧带状分布，剧烈疼痛，夜不能眠，口干口苦，大便秘结，小便黄少，舌质红，苔黄腻，脉弦。

诊断：带状疱疹

辨证：肝胆湿热证

治法：清肝泻火，利胆除湿，解毒止痛

方剂：龙胆泻肝汤加减

药物：龙胆草 6 g　　黄芩 10 g　　车前草 15 g　　茯苓 15 g

　　　　生栀子 10 g　　柴胡 10 g　　川楝子 10 g　　枳壳 10 g

　　　　橘络 10 g　　　桔梗 10 g　　炒白术 10 g

14 剂，每日 1 剂，水煎服。

二诊：大部分水疱干涸结痂，部分痂壳脱落，疼痛较前缓解，舌质红，苔少，脉沉细。

辨证：气虚邪恋证

治法：益气扶正祛邪，缓急止痛

药物：黄芪 30 g　　黄精 20 g　　白芍 20 g　　制首乌 20 g

　　　　当归 15 g　　川芎 15 g　　太子参 15 g　　甘草 5 g

　　　　生地 10 g　　橘络 10 g　　桔梗 10 g　　蜈蚣 1 条

14 剂，每日 1 剂，水煎服。

此方继续服用 2 周后疼痛已不明显，痂壳完全脱落，留有部分色素沉着。

按：钟老认为带状疱疹中医辨证分型一般为以下三型：① 肝经郁热；② 脾虚湿蕴；③ 气滞血瘀。钟老认为本病的辨证施治，要紧抓感受毒邪、湿热内蕴、阻滞经脉这一病机特点，早期治疗当从清热利湿、解毒止痛着手，注意预防后遗神经痛的出现；后期因余毒未尽，气血瘀滞，不通则痛，治疗以扶正祛邪、缓急止痛为重点。同时注意病位辨证，皮损在上者多夹风火，皮损在中者多夹郁火，皮损在下者多夹湿火。因此，病位在上者多选普济消毒饮，在中者多用柴胡解毒汤，在下者多选龙胆泻肝汤。根据"苦能燥湿，寒能清热"原则，可选用大量的清热解毒、除湿通络之品，如大青叶、板蓝根、蚤休、乌梢蛇、蜈蚣、钩藤等，但舌质不红时不宜选用。

3. 湿 疹

戚某，男，46 岁，2015 年 1 月 10 日初诊。

刻诊：反复阴囊瘙痒脱屑 2 年余。阴囊皮肤干燥粗糙，角化皲裂，轻微脱屑。皮损轻微瘙痒，夜间尤甚，口干，大便干结，小便尚可，舌质红，苔薄，脉沉细。

诊断：阴囊湿疹

辨证：血虚风燥证

治法：养血润燥，祛风止痒

方剂：当归饮子加减

药物：当归 10 g　　　白芍 20 g　　　生甘草 6 g　　　川芎 10 g

　　　制何首乌 20 g　　黄芪 30 g　　　黄精 20 g　　　熟地黄 15 g

　　　地肤子 15 g　　　女贞子 15 g　　　火麻仁 10 g

　　　　　　　　　　　　　　　　14 剂，每日 1 剂，水煎服。

外治以自拟汤加减，养血润肤止痒，具体方药如下：

　　　当归 20 g　　　黄芪 30 g　　　何首乌 30 g　　　黄精 20 g

　　　熟地黄 15 g　　甘草 20 g　　　蛇床子 15 g　　　白芍 20 g

4 剂，每两日一剂，煎汤熏洗外阴 15 ~ 20 min，每晚一次，熏洗后擦干患处，再涂院内制剂愈肤膏。

二诊：患者皮肤皲裂脱屑症状有所减轻，但仍感瘙痒，大便干结症状已不明显，舌质淡，苔薄白，脉沉细。辨证选方同前，前方中去白芍、甘草、火麻仁、枸杞子，加用僵蚕 10 g、紫荆皮 10 g、刺蒺藜 15 g，继续守方治疗 1 月后复诊而获痊愈。

按：钟老认为阴囊湿疹部位特殊而敏感，加之瘙痒剧烈，病因复杂，且本病常反复发作，缠绵难愈，其辨证不外邪实及正虚两类，整体以本虚而标实，急性期以邪实为主，多为肝胆湿热之邪下注肾囊，治以清热利湿为则；慢性期以正虚为主，血虚风燥为主要发病因素，治以养血润燥为主。此方紧紧抓住养血润燥止痒的原则，选用经典方当归饮子加减，方中黄芪行气补气；当归、川芎活血养血；白芍、熟地黄、制何首乌、女贞子、黄精养阴润燥；地肤子祛风止痒；火麻仁通便润肠；甘草调和诸药药性。方中黄芪、黄精、熟地黄共同构成钟老常用养阴方"三黄固本汤"，另可见白芍、甘草在方中的使用，遵循"酸甘止痒"的治疗原则。

4. 特应性皮炎

刘某，女，7 个月，2018 年 8 月初诊。

刻诊：患儿双上肢、面部反复红斑脱屑瘙痒 3 月，加重 1 周就诊。面部、双上肢屈侧可见片状红斑，色鲜红，边界清楚，红斑边缘可见少许渗液及黄痂，周围皮肤干燥脱屑，家长诉患儿经常搔抓患处，于院外诊断为"特应性皮炎"。舌质红苔白，指纹红偏紫，脉弦。

诊断：特应性皮炎

辨证：风热证

治法：疏风止痒，健脾除湿

方剂：四君子汤合三皮汤加减

药物：白术 10 g　　茯苓 10 g　　薏苡仁 10 g　　地肤子 5 g

　　　桑白皮 10 g　地骨皮 10 g　牡丹皮 5 g　　刺蒺藜 10 g

　　　僵蚕 5 g　　　桔梗 10 g　　鸡血藤 15 g

7 剂，每两日 1 剂，水煎服。

二诊：渗液减少，红斑颜色变淡，瘙痒有所缓解，仍可见脱屑。舌质红，苔薄白，指纹红偏紫，脉弦。上方去地肤子、鸡血藤，加紫荆皮 5 g、当归 10 g、川芎 10 g。继续予 7 剂口服，每两日 1 剂。

三诊：2 周后复诊，大部分皮疹消退，未见明显瘙痒渗液，脱屑减少，嘱其继服上方 2 周，后复诊基本痊愈。

按：特应性皮炎是一种与遗传相关的慢性过敏性皮肤病，多见于儿童，病程长，常反复发作，瘙痒明显，属中医"湿疮""四弯风"范畴。钟老认为此病治疗应多从肺、脾着手。脾为后天之本，小儿多脏腑娇嫩，正气未充，若先天禀赋不足，导致后天脾胃虚弱，则运化功能失常，易湿邪内生。肺在体合皮，其华在毛，体现了肺与皮肤的密切关系，肺为娇脏，患儿抵御外邪能力较弱，风邪入肺，邪气搏于肌肤而发疹，因此治疗离不开对肺脏的调理。肺与脾关系密切，五行中肺属金，脾属土，脾虚则肺弱，故治疗上应注重调理脾胃，意在培土生金。选方以四君子汤为基础，其中白术苦温，健脾燥湿，可益气助运；茯苓、薏苡仁健脾渗湿，三者合用健脾之力更佳。患儿皮疹色红，指纹红紫，热邪伏肺，对症加用钟老临床常用基础方"三皮汤"，方中桑白皮、地骨皮、牡丹皮合为"三皮"，桑白皮、地骨皮取自"泻白散"，能清泻肺火，除肺中伏火，肺主皮毛，亦可泻皮毛之热，牡丹皮可加强清解肺中伏火之功效。另加入僵蚕、刺蒺藜、地肤子以疏风燥湿止痒；鸡血藤养血润燥；患儿病位在上，故用桔梗引诸药药效上行。二诊患儿皮肤仍干燥脱屑，遂加用当归、川芎，养血活血而不燥；紫荆皮入脾经，既可清热利湿，又能祛风止痒。由此可见，在特应性皮炎的治疗上，体现了"治外必本诸内"的中心思想，准确辨证，对症下药，标本兼治，从而达到理想的治疗效果。

5. 变应性血管炎

邓某，女，53岁，2009年5月就诊。

刻诊：双下肢反复红斑结节破溃6月余，复发加重2周。患者双下肢可见数处高出皮面钱币大小红斑结节，部分结节破溃，中央可见黑色痂壳，疼痛明显。于外院确诊为"变应性血管炎"，于我院门诊就诊。舌质淡红，苔黄腻，脉沉细。

诊断：变应性血管炎

辨证：气虚夹湿证

治法：益气除湿，活血止痛

方剂：当归饮子加减

药物：当归20 g　　黄芪30 g　　川芎15 g　　炒白术15 g

　　　茯苓15 g　　僵蚕10 g　　蜈蚣1条　　乌梢蛇10 g

　　　丝瓜络20 g　鸡血藤30 g　黄柏10 g　　川牛膝10 g

14剂，每日1剂，水煎服。

二诊：新发皮疹减少，疼痛减轻，仍感下肢胀，足部麻木，口干，舌质偏红，苔薄白，脉沉细。

辨证：气阴两虚证

治法：益气养阴，活血通络

方剂：沙参麦冬汤加减

药物：北沙参30 g　麦冬10 g　　玉竹10 g　　黄精15 g

　　　黄芪30 g　　制首乌15 g　当归20 g　　鸡血藤30 g

　　　蜈蚣1条　　丝瓜络20 g　桑枝30 g　　知母10 g

14剂，每日1剂，水煎服。

外擦"多磺酸粘多糖乳膏"。

1月后复诊，患者基本无新发皮疹，疼痛已不明显，舌质稍红，苔薄白，脉沉细。嘱其继续服用上方1月后基本痊愈，可见部分皮疹愈合后的萎缩瘢痕。

按：变应性血管炎是发生于全身毛细血管及小血管的疾病，常反复发作，影响患者生活质量，以中青年女性多见，属中医"瓜藤缠"范畴。西医治疗有效，但容易反复，结合中医治疗可使病情更加稳定。钟老认为此病多因患者生活不规律，感受外邪（湿邪为主）而痹阻脉络，而湿邪重浊，聚集于下，故多发于下肢，反复发病致久病多虚，气血失养，易出现气血两虚的症候。

此患者前期辨证为气虚夹湿证，选择益气养血方"当归饮子"加减。方中黄芪益气，能调节免疫，气盛则血脉充盈；当归、川芎、鸡血藤补血活血行气化瘀不伤阴；白术、茯苓健脾祛湿；黄柏既可燥湿又可通泄下焦；僵蚕、蜈蚣、乌梢蛇与丝瓜络配伍增强祛风通络的功效，因患者皮疹发于下肢，加用川牛膝引药效下行。患者长期湿邪内盛，而湿邪未去，易伤阴液，二诊患者舌质偏红，舌苔薄白，口干，更多表现为气阴两虚的症状，遂选用"沙参麦冬汤"益气养阴为主，方中北沙参、麦冬养阴生津，辅以玉竹、黄精、知母加强滋阴功效；当归、鸡血藤活血通络；黄芪益气扶正，托毒外出；蜈蚣、丝瓜络、桑枝共奏通络行气之效。综上，在准确的中医辨证基础上治疗变应性血管炎有显著的效果，能降低疾病的复发率，提高患者生活质量。

6. 副银屑病

刘某某，男，30岁，2015年7月就诊。

刻诊：四肢红斑脱屑2月余。患者四肢可见散在黄豆至钱币大小鲜红色高出皮面斑丘疹，上附细小白色鳞屑，不易刮除，无点状出血症状，感轻微瘙痒。于外院病理活检诊断为"副银屑病"，且近来有新发皮疹出现，为求中医治疗于我院门诊就诊。口干口苦，舌质红，苔黄腻，脉弦。

诊断：副银屑病

辨证：热毒炽盛证

治法：清热解毒，凉血除湿

方剂：黄连解毒汤加减

药物：黄芩10 g　　黄连5 g　　黄柏10 g　　栀子10 g
　　　白花蛇舌草30 g　车前草10 g　藿香10 g　佩兰10 g
　　　白茅根10 g　鸡血藤30 g　紫荆皮15 g　僵蚕5 g

14剂，每日1剂，水煎服。

二诊：2 月后患者复诊，新发皮疹减少，原有鲜红色皮疹逐渐变为淡褐色，仍可见细小鳞屑覆着，感夜间瘙痒。舌质淡红，苔薄白，脉沉细。

辨证：血虚风燥证

治法：养血润燥，疏风止痒

方剂：当归饮子加减

药物：黄芪 30 g　　当归 15 g　　川芎 10 g　　熟地黄 15 g

白芍 10 g　　甘草 10 g　　白花蛇舌草 30 g　制首乌 20 g

紫荆皮 15 g　刺蒺藜 15 g　僵蚕 10 g　　桑枝 20 g

14 剂，每日 1 剂，水煎服。

1 月后复诊患者基本无新发皮疹，鳞屑减少，原有皮疹大部分变平，瘙痒不明显。

按： 临床上副银屑病是一种慢性红斑鳞屑型皮肤病，可分为点滴型、斑块型、苔藓样型和痘疮样型。此患者外院病理诊断明确，初诊患者皮疹色红，口干苦，结合舌苔脉象考虑为典型湿热型症候，故选用经典方"黄连解毒汤"，黄芩、黄连、黄柏分泄上、中、下三焦湿热，配合栀子通泄三焦之火，共奏清热燥湿之功；车前草既可清热解毒，又可除湿利尿，使邪气从小便排除；考虑患者平素多食肥甘厚腻，脾胃功能受损，久而化湿，留滞于中焦，故加藿香、佩兰，二者共用能去除中焦湿气，并调理脾胃运化功能。钟老善于在除湿的同时加入鸡血藤等活血行气之品，意在加速患者代谢，方能更有效地将湿邪排除体外。白茅根凉血清热，改善患者因热邪炽盛出现的口干症状；白花蛇舌草有较强的解毒功效，现代研究表明此药亦有免疫抑制的作用；紫荆皮活血解毒，与僵蚕配伍可疏风止痒。钟老认为众多慢性皮肤病在疾病的中后期多易出现久病多虚的症候，病情由实转虚，久病耗气伤阴，气血两虚，血虚而生风，风邪行而燥起，出现血虚风燥之象。此患者后期鳞屑增多，夜间瘙痒，舌质淡红、脉沉细，应以养血养阴润燥为主要治疗思路，故选用"当归饮子"。方中当归、川芎养血活血，又因气能生血，气血互根互用，加黄芪益气养血，气盛则血生；熟地黄、制首乌滋阴补血；白芍养阴柔肝，与甘草合用，取"酸甘止痒"之意；僵蚕、刺蒺藜祛风止痒，白花蛇舌草在益气扶正养阴润燥的同时不忘解毒；桑枝可通络行气，钟老建议若患者皮疹位于四肢肢体远端，可选用桑枝为引经药，能使药效更好地发挥。临床上副银屑病并非常见病，但在中医的治疗方案选择上，如始终遵循"异病同治"的原则，只要做到辨证选方准确，就能有良好的效果。

7. 结节性红斑

案例1

徐某，女，27岁，2017年2月初诊。

刻诊：上下肢反复红斑结节伴疼痛4月余。患者双下肢小腿处可见散在高出皮面红色丘疹，边界清楚，触之质硬，自诉疼痛明显，大便稀溏，舌质淡红，苔白腻，脉沉细。

诊断：结节性红斑

辨证：气虚夹湿证

治法：益气除湿，活血止痛

方剂：参苓白术散加减

药物：太子参30 g　　茯苓20 g　　炒白术20 g　　怀牛膝10 g

　　　藿香10 g　　　佩兰10 g　　蜈蚣2条　　　丝瓜络20 g

　　　连翘10 g　　　川芎10 g　　鸡血藤30 g　　炒稻芽20 g

　　　　　　　　　　　　　　　　　　　　14剂，每日1剂，水煎服。

二诊：新发皮疹有所减少，原有皮疹部分消退，可见褐色色素沉着，自诉疼痛有所减轻，舌质稍暗红，苔薄，脉沉细。

辨证：气虚血瘀证

治法：益气活血，散结止痛

方剂：桃红四物汤加减

药物：黄芪30 g　　　桃仁10 g　　红花10 g　　　怀牛膝10 g

　　　当归10 g　　　川芎10 g　　丝瓜络20 g　　忍冬藤20 g

　　　皂角刺10 g　　蜈蚣1条　　女贞子15 g　　墨旱莲15 g

　　　　　　　　　　　　　　　　　　　　14剂，每日1剂，水煎服。

三诊：患者基本无新发皮疹，无明显疼痛，原有皮疹处可见少许褐色色素沉着。

按：钟老认为，结节性红斑临床多见于中青年女性，其病情往往缠绵难愈，反复发作，春秋季多见，属中医"瓜藤缠"范畴。与"结节性血管炎"的鉴别之处在于皮疹破溃与否，结节性红斑通常不破溃。钟老治疗此病后期多从"虚""湿"入手，多因患者后天饮食生活不规律，脾胃运化功能失常，体质偏虚，湿气内蕴，后期湿气阻络，气滞血瘀，加上感受外邪所致。钟老治疗后期结节性红斑一直强调以扶正为主，方中太子参、黄芪益气扶正补气，有较好的调节改善患者免疫力作用，茯苓、白术、藿香、佩兰健脾除湿，因脾为后天之本，是为治疗此病后期的关键。二方中均可见蜈蚣，钟老常善用虫类药治疗下肢血管性疾病，虫类药多有较强散结通络、活血止痛的效果；此外，多配以丝瓜络、忍冬藤、橘络等类药物增强活血通络之效。当患者有瘀象时，可选用桃红四物汤，此方为活血化瘀代表方，其中桃仁、红花破血活血，川芎行气活血、条畅气机，当归补血活血。现代研究表明桃红四物汤有明显的扩血管、抗炎、免疫调剂作用。但多用活血药易耗伤阴气，为了在活血的同时为不伤阴，方中可加用女贞子、墨旱莲等药物，既可养阴补肝肾、又可凉血止血，药性平和而不滋腻。患者皮疹部位在下，故方中使用怀牛膝以补益肝肾，同时可作为引经药，引诸药下行，使药效达病所。

案例 2

华某某，女，49 岁，2017 年 9 月 11 日初诊。

刻诊：反复双下肢结节疼痛 10 年余。1985 年患者无明显诱因双下肢皮肤瘙痒，继而出现结节，色红压痛，经中西药治疗好转（具体药物不详）；1988 年又有反复，经多方治疗结节消失；今年 6 月无诱因上述症状重现，双下肢屈侧多个 2 cm×2 cm 大小结节，皮色无改变，压痛，有融合趋势。经中医药治疗无效，遂来我科就诊。舌质淡红，苔薄白腻，脉弦。

诊断：结节性红斑

辨证：气滞血瘀证

治法：活血化瘀，软坚散结

方剂：四物汤合消瘰丸加减

药物：

炒白术 12 g	茯苓 15 g	橘络 10 g	玄参 15 g
牡蛎 15 g	菟丝子 20 g	蜈蚣 1 条	血通 12 g
当归 10 g	丹参 15 g	薏苡仁 15 g	浙贝母 15 g

7 剂，每日 1 剂，水煎取汁 150 mL，tid。

二诊：双下肢屈侧暗色结节多数消退，久行后双下肢胀痛感，偶尔伴有下肢麻木。原皮损处深压痛，部分皮下结节未完全消失。舌质偏红，苔薄白，脉细弦。

辨证：气阴不足兼夹血瘀

治法：益气养阴，活血通络

方剂：四物汤加减

药物：黄芪 40 g   黄精 15 g   熟地 20 g   当归 10 g
　　　川芎 15 g   鸡血藤 30 g   细辛 6 g   蜈蚣一条
　　　山茱萸 15 g   橘络 10 g   丝瓜络 10 g   肉桂 10 g
　　　天麻 15 g

7 剂，每日 1 剂，水煎取汁 150 mL，tid。

三诊 双下肢结节完全消退，无新发结节，无任何自觉不适，舌质淡红，苔薄黄，脉细弦。

辨证：余毒未尽

治法：扶正祛邪

方剂：消瘰丸合四妙勇安汤加减

药物：玄参 20 g   牡蛎 20 g   丹参 15 g   鸡血藤 30 g
　　　蜈蚣 1 条   丝瓜络 10 g   川牛膝 12 g   血通 12 g
　　　银花藤 30 g   甘草 10 g   生地 15 g   北沙参 15 g
　　　白芍 15 g

12 剂，每日 1 剂，水煎取汁 150 mL，tid。

治疗一月后，皮损无新发，原发皮损完全消失，未再发。

按：本病主要由外感风邪，内蕴湿热，风湿热邪下注肌肤，阻塞经络，气滞血瘀而成。湿热之邪可作痒，气血瘀阻而成结节，不通则痛即有压痛点。舌质淡红，苔薄白腻，脉弦均为气滞血瘀之征。钟老在治疗过程中以活血化瘀、软坚散结为主，方选四物汤合消瘰丸加减。其中当归、丹参活血化瘀；玄参、牡蛎、浙贝母取消瘰丸之意，软坚散结；炒白术、茯苓、薏苡仁健脾利湿；橘络、蜈蚣、通络止痒；菟丝子补益肝肾。

患者二诊时，久病多虚多瘀，气血亏虚则双下肢胀痛感，偶尔伴有下肢麻木。气虚血瘀，不通则痛，皮损深处压痛，皮下结节未完全消失。舌质偏红，苔薄白，脉细弦均为气阴不足兼夹血瘀之征。钟老在治疗上多采用益气养阴、活血通络之法，方选四物汤加减。其中黄芪、黄精、山茱萸益气养阴；当归、川芎、熟地、鸡血藤取四物汤之意养血活血；蜈蚣、橘络、丝瓜络通络；细辛、肉桂温通血脉；天麻平肝息风，通络止痹痛。

患者三诊时，余毒未尽，此时应以扶正祛邪为主，巩固治疗。舌质淡红，苔薄黄，脉细弦，均是余毒未尽之征，方选消瘰丸合四妙勇安汤加减。其中玄参、牡蛎取消瘰丸之意软坚散结；玄参、生地、银花藤、甘草取四妙勇安汤滋阴解毒之意；丹参、鸡血藤养血活血；蜈蚣、丝瓜络、血通通络；北沙参、白芍益气养阴；川牛膝引药下行。

8. 慢性溃疡

罗某某，女，49 岁，2007 年 10 月就诊。

刻诊：右下肢反复溃疡 6 月余。患者 6 月余前因车祸外伤致右小腿出现一 2×3 cm² 大小伤口，后伤口破溃逐渐扩大，形成凹陷性溃疡面，经西医治疗后好转，但未完全愈合，后创面再次扩大，为求中医治疗于门诊就诊。现可见右小腿伸侧一 4×6 cm² 大小溃疡面，溃疡面呈淡红色，上覆着脓性黄色分泌物，伴腥臭味，溃疡边缘隆起，周围皮肤黯黑，患者感下肢软无力，足背发冷疼痛。舌质淡，苔薄白，脉沉细。

诊断：下肢慢性溃疡

辨证：气血两虚证

治法：益气养血，温经通络

方剂：四物汤加减

药物：黄芪 30 g　　　太子参 30 g　　　熟地黄 20 g　　　当归 20 g
　　　鸡血藤 30 g　　　川芎 15 g　　　　制首乌 20 g　　　桑葚 15 g
　　　怀牛膝 10 g　　　细辛 6 g　　　　　蜈蚣 2 条　　　　丝瓜络 20 g
　　　淫羊藿 15 g

14 剂，每日 1 剂，水煎服。

二诊：1 月后复诊，脓性分泌物明显减少，溃疡面有所缩小呈鲜红色，自诉仍感下肢足背发冷，乏力，舌质淡红苔薄白，脉沉细。

上方中加入肉桂 10 g、续断 15 g、山茱萸 15 g，嘱其服用一个月。

三诊：下肢溃疡面明显缩小，乏力症状明显改善，感晨起口干，舌质淡红，苔薄白，脉沉细。将上方肉桂改为桂枝15g，蜈蚣减为一条。一月后复诊已基本痊愈。

按：慢性溃疡属中医"臁疮"范畴，病情常经久不愈，创面反复溃烂，给患者生活带来极大痛苦，严重影响生活质量。钟老认为此病发生多因"虚"。患者正气不足则血脉不充，又因气能生血，气虚则血少，血行不畅，久而血瘀，痹阻脉络，肌肤经络失养而发为溃疡。因此选用四物汤以益气养血活血。方中当归、川芎、鸡血藤养血活血，行气止痛，新血生则瘀血去；因患者感乏力，故使用黄芪、太子参补气扶正，托毒外出，可有效增强患者免疫力；熟地黄、制首乌、桑葚滋阴补血，补肝肾；患者肢冷，寒邪内聚，在补血活血的同时加入细辛、淫羊藿温肾助阳，散寒通络；蜈蚣、丝瓜络通络止痛，怀牛膝活血逐瘀通经，引药下行。二诊为加强温经散寒功效，加入肉桂；另加续断、山茱萸补肝肾、通经络、祛瘀生新。后将肉桂改为桂枝，除了取其助阳化气散寒之效，又可增强通络效果。纵观上方，诸药合用，可益气扶正，温阳通络，化瘀生新，适用于"气血两虚，寒邪内盛"的患者。治疗上用药精炼，紧密结合辨证，紧扣病机，以达到药到病除的效果。

9. 皮肤淀粉样变

朱某，男，45岁，2014年9月就诊。

刻诊：四肢、背部丘疹伴瘙痒1年余，复发加重1月。患者四肢伸侧、背部可见散在钱币大小高出皮面呈半球形丘疹结节，部分呈串珠样排列，部分结节融合成片，无明显渗液，触之质硬干燥，自诉瘙痒明显，夜间尤甚。纳差，舌质淡红，苔白腻，脉沉细。

诊断：皮肤淀粉样变

辨证：脾虚湿蕴证

治法：健脾除湿、散结止痒

方剂：四君子汤加减

药物：南沙参30 g　　白术20 g　　茯苓20 g　　薏苡仁30 g

　　　浙贝母10 g　　牡蛎10 g　　鸡血藤30 g　　藿香10 g

　　　佩兰10 g　　　僵蚕10 g　　刺蒺藜15 g　　桑枝10 g

　　　　　　　　　　　　　　　　　14剂，每日1剂，水煎服。

二诊：纳差症状改善，新发结节样皮疹有所减少，皮肤干燥，仍感瘙痒，舌质淡红，苔薄白，脉沉细。上方去藿香、佩兰、僵蚕，加川芎 10 g、制首乌 15 g、当归 10 g、乌梢蛇 10 g，14 剂，每日 1 剂，水煎服。

患者 1 月后复诊，诉瘙痒明显减轻，无明显新发皮疹，原有大部分皮疹触之变软变光滑。

按： 皮肤淀粉样变属中医"松皮癣"范畴，病程一般较长，反复发作，常瘙痒明显。钟老认为，脾为"后天之本"，主运化水湿，此病多因后天脾脏运化功能失调而致湿邪聚集，痰湿内生，痰壅于肺，肺失宣降，而肺与皮肤相表里，故在体表发为有形之硬结；又因痰湿闭阻于脉络，影响人体正常的气血运行，久病多虚多瘀，肌肤失养而发病。结合患者舌脉，选方"四君子汤"加减，意在改善脾胃功能，健脾除湿。方中南沙参补气健脾，配合白术、茯苓健脾运湿；薏苡仁在此方中既可健脾又可软坚散结，与取自"消瘰丸"中的浙贝母与牡蛎相配，增强散结的效果；藿香、佩兰芳香化湿，能振奋脾胃之气，脾胃气盛则湿气易去；僵蚕、刺蒺藜祛风止痒，且僵蚕也有散结的作用；佐以鸡血藤活血化瘀，活血方能更好清除体内湿邪；因患者皮疹发于四肢，故选用桑枝为引经药。后期患者部分湿邪已去，皮损较干燥肥厚，感瘙痒，后期易多虚多瘀，方中加用川芎、当归养血活血化瘀，制首乌滋阴养血补肝肾，使活血化瘀不伤阴，改僵蚕为乌梢蛇意在加强通络止痒。综上，对皮肤淀粉样变的治疗需紧扣病因病机，配合辨证，在健脾除湿的同时不忘辅以活血行气药，方能更有效地祛除湿邪，后期需养血润燥止痒，调和脏腑气血。不难看出，在治疗中如能发挥中医辨证论治的优势并将其运用到临床中，可有较好效果。

10. 血栓闭塞性脉管炎

案例 1

张某，男，45 岁，2017 年 11 月就诊。

刻诊：右足溃烂伴疼痛 3 月余。患者右足趾端皮肤发黑，足背可见数处皮肤破溃形成浅表溃疡，部分溃疡表明可见黑色痂壳，挤压痂壳后有脓性分泌物流出，足背稍肿胀，自诉疼痛明显，下肢不温。舌质淡红，苔薄白，脉沉细。

诊断：血栓闭塞性脉管炎

辨证：瘀血阻络证

治法：活血通络，益气止痛

方剂：当归饮子加减

药物：当归 15 g　　黄芪 50 g　　川芎 10 g　　水蛭 10 g

　　　怀牛膝 10 g　　桂枝 10 g　　熟地黄 10 g　　丝瓜络 20 g

　　　三棱 10 g　　莪术 10 g　　皂角刺 15 g

14 剂，每日 1 剂，水煎服。

二诊：患者诉疼痛有所减轻，可见部分皮疹干涸，近日感夜间眠差，舌质淡红，苔薄白，脉沉细。上方中当归加量为 20 g，加入合欢皮 30 g、首乌藤 30 g。

患者服用上方一月后复诊，已无新发破溃皮损，疼痛明显缓解，大部分溃疡痂壳已愈合。

按：血栓闭塞性脉管炎为临床多见下肢血管疾病，病程周期较长，病情容易反复，严重影响患者生活质量，属中医"脱疽""脉痹"范畴。常与患者久处寒冷环境、长期吸烟等有密切关系。钟老认为血栓闭塞性脉管炎分为瘀血阻络、血脉不通和外邪所导致的下肢血管炎症两类。治疗时需辨证准确，密切结合临床，方能药到病除。此患者属气虚下陷，寒气凝聚于下肢，气血运行不畅而致瘀血阻络，不通则痛，下肢缺乏充足的血液循环而坏死。选方以"当归饮子"为基础，此方为治疗气血凝滞代表方。其中当归养血活血而不伤正，重用黄芪 50 g，既有调节增强免疫的效果，又可益气扶正使血脉充盈；桂枝温经散寒通痹止痛，与黄芪配伍可见"黄芪桂枝五物汤"的影子，具有调和营卫、养血除痹的作用，加用川芎、三棱、莪术共奏养血行气、破血化瘀之效；水蛭能破血逐瘀，现代研究表明其具有较强抗凝血和抗栓的效果；丝瓜络可行气通络止痛；皂角刺托毒消肿排脓；怀牛膝为引经药，引诸药药效下行，使药达病所。纵观全方，选药用药精炼，紧扣发病病机，体现了钟老"诊断明、辨证清、用药精"的宝贵临床思路。

案例 2

李某，男，35 岁，2018 年 5 月就诊。

刻诊：右足疼痛麻木半年，进行性加剧 1 月。患者于半年前右足因外伤后出现疼痛，经多方治疗无效。其后疼痛逐渐加剧，并感右足背麻木发冷，及足趾变色，已不能坚持正常工作，遂来就诊。查体见右足疼痛麻木，足背发凉，足背动脉搏动消失，右足趾甲苍白，右足拇趾色紫暗，舌质暗红，苔黄腻，脉细涩。

诊断：血栓闭塞性脉管炎

辨证：寒凝血瘀，瘀久化热证

治法：活血化瘀，兼以清热除湿解毒

方剂：桃红四物汤加减

药物：当归 20 g　　鸡血藤 30 g　　川芎 15 g　　桃仁 10 g

　　　红花 10 g　　黄柏 10 g　　车前草 10 g　　川牛膝 10 g

　　　丝瓜络 20 g　　水蛭 5 g

6 剂，每日 1 剂，水煎服。

二诊：痛减，舌质腻有所减轻，脉沉细，遂于上方加黄芪 50 g，去黄柏、车前草，继服 6 剂。

三诊：疼痛基本消失，足趾甲淡红色，继续服药半月后再复诊，足背动脉搏动有力，足趾皮色正常，疼痛完全消失。3 月后随访，一切正常未复发，并恢复正常工作。

按：血栓闭塞性脉管炎是慢性复发性中、小动脉和静脉的节段性炎症性疾病，下肢多见。表现为患肢缺血、疼痛、间歇性跛行、足背动脉搏动减弱或消失和游走性表浅静脉炎，严重者有肢端溃疡和坏死。本病多见于青壮年，好发于下肢。患肢呈现一时性或持续性苍白、发绀、有灼热及刺痛，病肢下垂时皮色变红，上举时变白，继之足趾麻木，小腿肌肉疼痛，行走时激发，休息时消失；小腿部常发生浅表性静脉炎和水肿。检查时发现足背动脉搏动减弱或消失。随着病情发展可出现间歇性跛行及雷诺现象、夜间疼痛加剧，足趾疼痛剧烈，皮肤发绀，进而趾端溃疡或坏疽而发黑，逐渐向近心端蔓延。西医对此病多采用扩张血管药物等治疗，但其疗效不甚理想。

钟老认为，脉管炎的发病主要由于心、脾、肾三脏亏虚，冲任不调，气血不足，加之外受寒湿之邪等因而引起。钟老将此病分为 4 种证型：①寒凝型，证见：患肢发凉、苍白、麻木、酸胀，遇冷和夜间加重，触之冰凉，常有间歇性跛行，足背动脉搏动微弱，舌质淡，苔薄白，脉沉细。②血瘀型，证见：足趾红紫，疼痛剧烈，背动脉搏动消失，舌质红，苔薄白，脉细涩。③湿热火毒型，证见：下肢足部红肿，疼痛难忍，抱膝而坐，多数病例患处溃烂，舌质红，苔黄腻，脉弦数。

④气血两虚型，证见：面色苍白，消瘦，溃疡面不愈合，舌质淡，苔薄白，脉沉细。

全方以桃红四物汤为基础，桃仁、红花、当归、鸡血藤、川芎活血养血通络；黄柏、车前草清热利湿；丝瓜络通络；水蛭破血通经，可改善血管循环并能抑制血小板活性而抗凝血，《本经》论水蛭："主逐恶血、瘀血、月闭，破血瘕积聚，无子，利水道。"钟老认为此药为治疗下肢血管炎要药，在各型血管炎处方中经常使用且效果明显。

11. 硬皮病

潘某某，女，46岁，2018年3月29日初诊。

刻诊：1年前，无明显诱因左侧大腿出现一2 cm×3 cm大小红色斑片，感胀痛，后皮损渐增大、肿胀，表皮出现萎缩僵硬。既往史无特殊。查体：左侧大腿可见一5 cm×6 cm大小灰褐色斑片状皮疹，皮肤正常纹理消失，弹性明显下降，表面具有蜡样光泽，触之较硬，与周围正常皮肤边界较清楚。患者诉平时怕冷，舌质淡红，苔薄白，脉沉细。

诊断：局限型硬皮病

辨证：血虚型

治法：益气养血活血，补益肝肾

方剂：三黄固本汤加减

药物：黄芪30 g　　鸡血藤30 g　　黄精15 g　　熟地黄15 g
　　　怀牛膝10 g　　当归15 g　　　川芎10 g　　女贞子15 g
　　　枸杞15 g　　　制首乌20 g　　菟丝子15 g　肉桂10 g
　　　淫羊藿10 g　　丝瓜络20 g

14剂，每日1剂，水煎服。

2周后复诊，患者辨证同前，嘱其继续服用此方2周。1月后复诊左侧大腿处皮疹触诊较前变软，皮肤颜色由灰褐色变为淡红色。

按：钟老长期从事中医临床、科研，在治疗硬皮病方面有其独到见解，认为瘀、虚是其病机关键，据此将硬皮病的证型分为血瘀型和血虚型，并且在治疗时，认为扶正祛邪应贯穿疾病治疗始终，尤其是硬皮病早期多虚证或虚实夹杂，同时强调硬皮病应早期诊断、早期治疗，认为早期诊治是决定疾病转归和预后的关键所在。

分型论治：① 血瘀型：症见皮肤红肿，皱纹消失，或全身或局部皮肤呈暗褐色，皮肤变硬，肌肉萎缩有蜡样光泽，或皮肤瘙痒如虫行，或有走窜性疼痛，或感周身重着疼痛，舌质紫暗，苔薄白，脉弦滑或涩。治以养血活血、通络散结，方以消瘰丸合桃红四物汤加减。② 血虚型：症见皮肤肌肉萎缩，毛孔消失，皮肤深褐色，有蜡样光泽，时有针刺感，畏寒甚，手足触之冰冷，指、趾尖受凉后发白或青紫（即雷诺氏现象），时有便溏，泄泻或心悸，乏力，腰膝酸软，舌淡或红、苔白，脉沉细。治以益气养血、补益肝肾、通络散结。自拟三黄固本汤加减。该病例处方以钟老自拟的三黄固本汤为基础，佐以当归、川芎、鸡血藤养血活血，加熟地黄、女贞子、枸杞、制首乌、菟丝子养阴，以达到活血不伤阴的目的；患者肢冷遂加肉桂、淫羊藿温阳通络，改善血液循环；患者病位在下肢，予怀牛膝引诸药药效向下行。观全方，充分体现血虚型硬皮病需益气养阴、活血通络温阳的治疗原则。此患者 3 月后再次复诊，皮肤弹性明显恢复。

12. 脂溢性脱发

赵某某，女，52 岁，2018 年 8 月初诊。

刻诊：脱发伴头皮油脂增加半年。患者于半年前开始出现脱发，主要表现为头顶部头发逐渐呈弥漫性稀疏，未累及颞额部，头发油腻粘连，伴瘙痒，常搔抓后头皮现大量鳞屑，基本每日一洗。现患者头顶部毛发较枕后明显稀疏，彼此黏腻附着白色鳞屑，伴明显瘙痒，患者诉每次洗头后掉 100 ~ 200 根头发，平素嗜食辛辣厚腻之品，偶有腰膝酸软，纳可眠差，偶有口苦，大便黏滞，小便短赤，舌质红，苔黄腻，脉弦滑。

诊断：脂溢性脱发（发蛀脱发）

辨证：肝肾不足，湿热蕴结证，风邪上扰

治法：补益肝肾，清热化浊，疏风止痒

方剂：三黄固本汤合化浊汤加减

药物：苍术 15 g　　　陈皮 15 g　　　生黄芪 30 g　　　熟地黄 10 g

　　　山萸肉 10 g　　　女贞子 10 g　　　桑葚 15 g　　　制何首乌 30 g

　　　白花蛇舌草 30 g　　白茅根 15 g　　　净山楂 10 g　　　菟丝子 10 g

　　　　　　　　　　　　　　　　　　　　　　　　7 剂，每日 1 剂，水煎服。

外治：自拟外洗方加减，清热祛浊、祛风止痒，具体方药如下：

生大黄 15 g　甘草 60 g　苦参 20 g　黄柏 20 g

蛇床子 30 g　薄荷 5 g　透骨草 15 g　冰片 5 g

14 剂，煎水外洗，3 日 1 次，每次 20 min，淋洗并按摩头皮。

二诊：毛发油腻有所缓解，鳞屑减少，仍瘙痒掉发，掉发数量 150 根／日左右，少气懒言，纳可眠差，偶口干口苦，舌质淡红，苔薄黄腻，脉细数。

辨证：气阴不足，湿浊互结证

治法：益气养阴，清热化浊

方剂：生脉饮合化浊汤加减

药物：太子参 30 g　麦冬 10 g　桔梗 10 g　焦山楂 10 g

白茅根 10 g　女贞子 10 g　墨旱莲 10 g　丹参 10 g

酒川芎 10 g　白花蛇舌草 30 g　薏苡仁 30 g

14 剂，每日 1 剂，水煎服。

外治：自拟外洗汤，以燥湿化浊止痒。具体方药如下：

侧柏叶 15 g　苦参 30 g　蛇床子 30 g　生大黄 30 g

白芷 15 g　薄荷 12 g　透骨草 15 g　藿香 15 g　生姜片 5 g

14 剂，煎水外洗，3 日 1 次，每次 20 min，淋洗并按摩头皮。

三诊：1 月后头皮油腻和鳞屑情况基本好转，偶有瘙痒，头顶部可见少许细软毳毛生长，每日掉发约 100 根，口干，纳差眠可，大便不成形，舌质暗红，苔薄黄不腻，脉细。

辨证：脾肾不足，湿浊互结证

治法：健脾益肾，活血化浊

方剂：生脉饮合四君子汤加减

药物：生黄芪 30 g　南沙参 30 g　白术 10 g　茯苓 10 g

当归 10 g　酒川芎 10 g　桑葚 15 g　白花蛇舌草 30 g

净山楂 10 g

外治：自拟外洗汤，以燥湿化浊止痒。具体方药如下：

生大黄 15 g　甘草 30 g　苦参 20 g　黄柏 20 g

生艾叶 15 g　千里光 15 g　薄荷 5 g

14 剂，煎水外洗，3 日 1 次，每次 20 min，淋洗并按摩头皮。

后患者来诊，头皮未见明显油腻及鳞屑，偶有瘙痒，头顶部先前新生细软毛发已逐渐变粗变黑，光泽度尚可，长势可，遂嘱其再服数剂以巩固疗效。

按： 钟老认为，脂溢性脱发属于中医学"发蛀脱发""蛀发癣"的范畴。对于脂溢性脱发，本虚标实乃其致病关键。欲固其脱，先求其本：强调以平补肝肾、益气健脾为主，力求滋水益精以涵木，健脾益气以生血，培补后天以促先天。

因为发为"肾之候"，为"血之余"，肝藏血，肾藏精主骨，为先天之本，由其华在发，肝肾精血同源，故肝肾精血相互滋生，共为毛发生长之必需物质。《内经》云："血气盛则肾气强，肾气强则骨髓充满，故发黑；血气虚则肾气弱，肾气弱则骨髓枯竭，故发白而脱落。"若禀赋不足，思虑过度，劳伤肝肾，精血不足，则发失滋养，发枯而脱。同时，时时不忘脾主运化，健脾益气固护脾胃，以稳定后天之本。选方常以自拟三黄固本汤、二至丸、四君子汤加减，药物有黄芪、地黄、黄精、当归、桑葚、枸杞子、菟丝子、补骨脂、山萸肉、何首乌、牛膝、女贞子、墨旱莲等。黄精、熟地黄、女贞子、枸杞子、菟丝子、桑葚六味主要养阴血，滋肝肾；何首乌补肝肾、益精血、乌须发；黄芪益气生血，补气固表，紧束发根，使之不易脱落；当归养血和血。方含当归补血汤，益气养阴补血之功尤甚。四君子汤取太子参（或党参）、白术健脾益气，茯苓、陈皮健脾渗湿，寓驾于补，避免滋腻太过。二至丸因《本草备要》谓女贞子能"补肝肾、安五脏、强腰膝、明耳目、乌须发"，《本草纲目》谓旱莲草能"乌髭发、益肾阴"，二药同用，以平补肝肾之阴。

其次，脂溢性脱发的发生不但与肝脾肾精血不足等"虚"有关，而且与血热与湿热这两大"实"病理因素密切相关，因此，祛邪除标实，在临床上与固本并重。祛邪当治以健脾化浊，清热除湿。常选用化浊汤加减：苍术、陈皮、山楂、薏苡仁、丹参、白花蛇舌草、白茅根等。皮脂腺分泌旺盛，头发油腻，湿热偏重的油性脂脱，可选加生山楂、白花蛇舌草以加强清热除湿祛脂之力。山楂善消油腻、行气散瘀可除湿，苍术、陈皮、薏苡仁清热渗湿、健脾消浊，白花蛇舌草清热解毒、利尿通淋，共奏清热化浊之功。又因湿蕴多成瘀，除湿必活血，且常加川芎、丹参、郁金等，行气活血，祛瘀生新，补而不滞，使邪有出路。同时，钟老认为除湿多有伤阴之弊，故多加生脉饮、二至丸等固护阴液，补肝肾养精血，滋而不腻。

另外，治疗脂溢性脱发，钟老常常采用外洗和辨证内治相结合的治疗方案，具体如下：以邪实为主的脱发患者常用清热祛油、祛风止痒之外洗方：生大黄30 g、甘草60 g、侧柏叶15 g、苦参30 g、蛇床子30 g、白芷15 g、薄荷12 g、透骨草15 g、藿香15 g、生姜片5 g等。以正虚为主的脱发患者常用养血生发、疏风止痒之外洗方：艾叶15 g、生地30 g、川芎15 g、制首乌30 g、透骨草15 g、白芷15 g、生姜片5 g等。头皮瘙痒甚者，可加一味风药如刺蒺藜、薄荷、防风、钩藤、羌活等，钟老认此处用风药其用有二：一则借助风药携药上行，使诸药之功合力作用于病位所在，功专力强以祛风止痒；二来借风药升散轻灵之性还可祛风止痒。故本治疗药到病除，每每奏效。

13. 斑 秃

唐某某，女，27岁，2019年8月19日初诊。

刻诊：因枕部、头顶部多处片状脱发1月余就诊。患者于1月余前因夫妻情感破裂后，情志愤懑抑郁，后偶然发现枕部一处片状脱发，此后逐渐发现枕部、头顶部多处片状脱发，偶有瘙痒，不伴头发油腻粘连。现：枕部、头顶部多处约1 cm×2 cm大小片状脱发区，边界清晰，脱发区内头皮光亮未见毛发，纳可眠差，情绪焦虑烦躁，腰膝酸软，面部烘热，口干不苦，舌质红，苔黄，脉弦。

诊断：斑秃（油风）

辨证：阴血不足，肝郁气滞证

治法：补益肝肾阴血，疏肝解郁

方剂：三黄固本汤合柴胡疏肝散加减

药物：黄芪30 g　　黄精20 g　　熟地黄15 g　　女贞子15 g
　　　菟丝子20 g　当归10 g　　桑葚20 g　　　知母15 g
　　　黄柏15 g　　丹参20 g　　柴胡15 g　　　香附10 g
　　　淡竹叶15 g　合欢皮15 g

14剂，每日1剂，水煎服。

外治：梅花针叩刺，一周1次；外擦自制生发酊，每天2次。

二诊：近一月后患者来诊，未再新增脱发区，枕部脱发区皮肤镜下可见少许细软毳毛生长，头发容易油腻，情志较前舒畅，口干情况缓解，舌质暗红，苔薄黄，脉细。

药物：黄芪 30 g　　当归 15 g　　　川芎 15 g　　桔梗 10 g

升麻 15 g　　制何首乌 30 g　　山楂 15 g　　白花蛇舌草 30 g

女贞子 15 g　　菟丝子 15 g　　桑葚 15 g　　柴胡 15 g

14 剂，每日 1 剂，水煎服。

外治：梅花针叩刺，一周 1 次；外擦自制生发酊，每天 2 次。

外洗：大黄甘草洗剂（生大黄 15 g、侧柏叶 30 g、生艾叶 10 g、薄荷 10 g、枯矾 5 g、蛇床子 30 g、千里光 15 g、冰片 5 g、生黄柏 15 g、苦参 15 g）煎水外洗，3 日 1 次，每次 20 min，淋洗并按摩头皮。

三诊：1 月后患者来诊，枕部及头顶部脱发区域均可触及细小毛发，较前颜色变黑，色泽可，质感较前变硬，未见新发片状脱发，不伴瘙痒，情志开朗许多，效不更方，遂嘱其再服数剂以巩固疗效。

按：斑秃是一种突然发生的局限性斑片状脱发，局部皮肤正常，且常常没有自觉症状。中医称本病为"油风""鬼舔头""鬼剃头"。目前大多数人认为斑秃的中医辨治，应首辨虚、实。虚证主要为肝肾不足证，气血亏虚证；实证主要有血热风燥证、血瘀证、肝郁证。钟老认为临床上无绝对的虚证，也无绝对的实证，往往是虚实夹杂，病证如气虚血瘀证、血虚风燥证、肝郁血虚证、肾虚血瘀证等。

首先，脱发虽属顽症，本虚标实乃其致病关键。肾藏精，主骨生髓，肝藏血，其华在发，发为血之余；肝肾同源，精血同源，肝肾亏损，水亏木郁，毛根空虚，毛发失其滋养之源，故枯槁易脱，治疗当滋补肝肾，养血填精，培补根本。选方予以三黄固本汤加减：黄芪、地黄、黄精、何首乌、当归、桑葚、枸杞子、菟丝子、补骨脂、女贞子、墨旱莲等。黄精、熟地黄、女贞子、枸杞子、菟丝子、桑葚六味主要养阴血，滋肝肾；桑葚子药色黑入肾，乃同气相求，取类比象之意；何首乌补肝肾、益精血、乌须发；黄芪益气生血，补气固表，紧束发根，使之不易脱落；当归养血和血。方含当归补血汤，益气养阴补血之功尤甚。

同时，斑秃多与情志因素密切相关，肝主怒，过怒则伤肝，肝郁气滞，生风化燥，故疏肝解郁、开导畅达情志是关键。睡眠差，久而耗伤阴血，血虚不能濡养毛发，肝郁、血虚两者相合，生风化燥，风邪善动不居而无定所，故方用柴胡疏肝散中柴胡、香附疏肝理气解郁，合欢皮、淡竹叶清心解郁安神。

14. 颜面再发性皮炎

杨某某，女，49 岁，2017 年 3 月 9 日初诊。

刻诊：双侧面颊红斑鳞屑伴瘙痒 3 月余，加重 5 天。3 月余前患者无明显诱因出现面部红斑，干燥起鳞屑，轻度瘙痒，后自行于药店购买药物外擦后有所缓解（药物具体不详）。后因天气变热、进出空调房、日晒、食用辛辣刺激之品后反复，外擦药物可暂时缓解，后逐渐加重。现：面中部片状红斑，颜色较鲜艳，边界较清，上覆鳞屑，可见黄色渗出，面部轻微肿胀，皮温较高，瘙痒剧烈。大便干，小便正常，纳可，眠差。舌质红，苔黄腻，脉弦。

诊断：颜面再发性皮炎

辨证：热毒蕴结，风热夹湿证

治法：清热解毒，除湿疏风止痒

方剂：三皮止痒汤加减

药物：
桑白皮 15 g	地骨皮 15 g	牡丹皮 10 g	黄芩 10 g
生黄柏 10 g	茯苓 10 g	紫荆皮 10 g	刺蒺藜 15 g
熟大黄 10 g	车前草 10 g	桔梗 10 g	山枝仁 10 g
火麻仁 15 g			

7 剂，每日 1 剂，水煎服。

外治：外用蓝科肤宁冷湿敷，敷完擦保湿膏。

二诊：现可见面中部片状红斑，颜色较前变暗，鳞屑及黄色渗出减少，面部肿胀好转，皮温稍高，仍瘙痒。大便不成形，小便正常。舌质红，苔白厚腻，脉滑。

辨证：风热夹湿证

治法：健脾燥湿，疏风止痒

方剂：三皮止痒汤合四君子汤加减

药物：
桑白皮 15 g	地骨皮 15 g	茯苓 15 g	炒白术 15 g
薏苡仁 15 g	生黄柏 15 g	白鲜皮 15 g	车前草 10 g
佩兰 10 g	刺蒺藜 15 g	地肤子 10 g	

14 剂，每日 1 剂，水煎服。

外治：同前。

三诊：面部红斑面积缩小，鳞屑及干燥基本缓解，皮肤干燥，轻微瘙痒，未再肿胀，皮温不高，大便较前正常，纳可，眠稍差，不易入睡，偶有自汗，舌质淡，苔薄，脉细。

方剂：玉屏风散加减

药物：生黄芪 30 g 防风 10 g 白术 10 g 桔梗 10 g
　　　制何首乌 30 g 黄芩 10 g 首乌藤 30 g 合欢皮 30 g
　　　紫荆皮 10 g 刺蒺藜 15 g 升麻 10 g 女贞子 10 g

外治同前，续观。

后患者三诊服药后随访，面部红斑大部分消退，鳞屑及瘙痒明显好转，无新发，无特殊不适。

按：颜面再发性皮炎是颜面部发生的红斑鳞屑性皮炎，多发生于女性。本病的发病原因不明。有报告与化妆品、温热、光线刺激、尘埃、花粉等过敏或刺激有关。钟老认为，本病从八纲辨证角度多属阳、表、热、实；卫气营血辨证多在气分；三焦辨证在上焦；脏腑辨证属肺，病位辨证在上，多属风温、风热，初期发病时多为风热客肤证，进展期多为热毒蕴肤证，后期多表现为血虚风燥证。结合蜀人病多夹湿；结合现代人的生活特点，病程中多伴有阴虚。因此，多以祛风止痒、清热凉血为原则。

选方多以三皮止痒汤加减，具体用药为桑白皮、牡丹皮、茯苓皮、陈皮、大腹皮、忍冬藤、龙骨、连翘、川射干、紫荆皮、合欢皮。方中忍冬藤、连翘清热解毒，疏散风热；川射干解毒利咽；牡丹皮、桑白皮、紫荆皮凉血清热止痒；龙骨镇静止痒，茯苓皮健脾利湿，陈皮、合欢皮理气解郁；诸皮以皮治皮。诸药合用共奏祛风止痒、清热凉血之功。随证加减用药：皮肤干燥加白芍、生地；皮肤瘙痒加刺蒺藜、地肤子、二至丸养阴；情绪急躁加炒栀子、淡竹叶；睡眠差加合欢皮；肿胀明显加白鲜皮、白茅根；渗出较多加藿香、佩兰、薏苡仁、车前草；大便干加桔梗、火麻仁等。

运用中药内服、外用，兼以心理调护治疗颜面再发性皮炎，疗效佳且预后良好。

15. 皮肤瘙痒症

叶某某，男，72 岁，2019 年 10 月 28 日初诊。

刻诊：皮肤瘙痒剧烈伴干燥 1 年余，未见红斑丘疹水疱浸渍糜烂。现症见：

皮肤瘙痒剧烈，夜间尤甚，全身可见明显抓痕、血痂，部分皮损处肥厚，触之粗糙。纳差，眠可，大便不成形，小便频数，色黄。舌质淡红，苔厚白腻，脉弦滑。既往史：否认常发生瘙痒的内科疾病包括慢性肾衰竭、胆汁淤积、甲状腺功能亢进、糖尿病等。

诊断：老年性皮肤瘙痒症

辨证：脾虚夹湿，血虚风燥证

治法：健脾祛湿，养血润燥止痒

方剂：除湿止痒汤加减

药物：

桑白皮 15 g	地骨皮 15 g	牡丹皮 10 g	生地 15 g
白鲜皮 15 g	地肤子 15 g	白芍 20 g	黄芪 30 g
防风 10 g	射干 10 g	合欢皮 15 g	女贞子 15 g
墨旱莲 15 g	丹参 20 g	龙骨 20 g	

7 剂，每日 1 剂，水煎服。

外治：瘙痒药浴粉泡澡，3 天泡 1 次。嘱勿用香皂肥皂及热水烫洗患处，润肤乳每日擦全身。

二诊：瘙痒稍缓解，皮损肥厚较前稍平，全身脱屑增多，少气懒言，纳可眠差，大便不成形，小便频，舌质淡红，苔白腻，脉稍沉。

辨证：血虚风燥证

治法：益气养阴，养血润燥止痒

方剂：养血润肤饮和补中益气汤加减

药物：

生地黄 15 g	麦冬 15 g	天冬 15 g	陈皮 15 g
桃仁 10 g	当归 15 g	黄芪 30 g	防风 10 g
刺蒺藜 15 g	蝉蜕 10 g	太子参 30 g	白术 10 g

外治：瘙痒药浴粉泡澡，3 天泡一次。

三诊：瘙痒明显缓解，夜间睡眠可，皮损肥厚较前进一步稍平，全身脱屑增多，纳可，大便成形，每日一次，腰膝酸软，偶有耳鸣，口干，舌质淡红，苔白腻，脉弦细。

辨证：肝肾阴虚，血虚风燥证

治法：滋补肝肾、润燥止痒

方剂：三黄固本汤加减

药物：黄芪 30 g　　制黄精 20 g　　熟地黄 15 g　　菟丝子 15 g

　　　女贞子 15 g　　枸杞 15 g　　桑葚 10 g　　当归 10 g

　　　防风 10 g　　　荆芥 10 g　　刺蒺藜 15 g　　墨旱莲 15 g

外治：瘙痒药浴粉泡澡，3 天泡一次。

患者服药后电话随访，诉全身瘙痒好转，皮损肥厚及干燥情况明显好转。

按：皮肤瘙痒症是一种仅有皮肤瘙痒，而无原发损害的皮肤病。清代《外科证治全书·痒风》记载："遍身瘙痒，并无疥疮，搔之不止。"此病还可仅限于下肢、腰部、会阴等处，以阵发性皮肤瘙痒为特征，短者数分钟即过，长者可达数小时，多于夜间发作而难以遏止，搔抓后可引起抓痕、血痂、皮肤肥厚及苔藓样改变。临床上诊断单纯性老年瘙痒症常需排除会发生瘙痒的内科疾病，包括慢性肾衰竭、胆汁淤积、妊娠、真性红细胞增多症、贫血、甲状腺功能亢进、糖尿病、多发性硬化、心理性精神病、肿瘤、寄生虫病、药疹、干燥综合征、人类免疫缺陷病毒（HIV）感染等。该病诊断不难，但治疗较棘手，常严重影响老年人的生活质量。

钟老认为，该病有虚有实，或虚实夹杂，但结合老年人主要的生理特点，可总括为虚、风。临床血虚风燥证及肝肾阴虚证多见。① 血虚风燥证：劳倦体虚，脏腑虚损，气血不足，血不养肤，肌肤失于濡养，而化燥生风作痒。兼体虚卫外不固，则风邪乘虚侵袭，致气血失和。选方多用养血润肤饮加减为主，药用地黄、麦冬、天冬、桃仁、红花、当归、黄芪、防风、刺蒺藜、蝉蜕、白鲜皮等。② 肝肾阴虚证。"残阴残阳"为老年人的主要特点，其中以肝肾亏虚为主。肾藏精，促进人体生长发育，肾虚则机体功能逐渐衰减，内及脏腑，外及皮肤。《灵枢·经脉》载："虚则痒瘙"。精血同源，肾阴亏虚，则肝血无以生，精血不充，则肌肤失于荣养而发为瘙痒。该证患者常见全身泛发瘙痒，夜间尤甚，皮肤干燥、脱屑，伴腰膝酸软、头晕眼花、耳鸣、盗汗等，舌红少苔，脉沉细数。治宜滋补肝肾、润燥止痒。常以钟老经验方"三黄固本汤"加减，药用黄芪、黄精、熟地黄、菟丝子、女贞子、桑葚、刺蒺藜、当归等。

除此之外，钟老认为：血虚日久可致血瘀，瘀血阻络，肌肤不荣而加重病情。故临床用药常加丹参、郁金、鸡血藤等活血化瘀之品，酌加陈皮、枳壳、路路通等理气活血。正所谓"治风先治血，血行风自灭"。老年性皮肤瘙痒症以阵发性瘙痒为主，夜间尤甚，老年患者又常伴有失眠，暗耗真阴，使虚愈虚，加重病情，从而形成恶性循环，故加以养阴、镇静安神之法，药用二至丸、桑椹、酸枣仁、柏子仁、夜交藤、合欢皮等。故本治疗药到病所，每每奏效。

16. 结节性痒疹

黄某，女，57 岁，2019 年 5 月 6 日初诊。

刻诊：四肢、胸背部散在结节伴剧烈瘙痒 2 年余。患者 2 年前右小腿被蚊虫叮咬后局部皮肤开始发痒，抓破出血，后渐成小结节，日趋增多，剧痒难忍。查体：患者四肢、躯干可见较多散在绿豆至黄豆大小的灰褐色小结节，大部分结节表面被抓破覆有血痂。舌淡红，苔薄白微腻，脉弦。

诊断：结节性痒疹

辨证：湿热内蕴，结毒阻络证

治法：清热除湿解毒，疏风通络止痒

方剂：大消风散加减

药物：忍冬藤 30 g　　　连翘 15 g　　　龙骨 20 g　　　牡丹皮 15 g

　　　紫荆皮 15 g　　　射干 10 g　　　枸杞子 15 g　　　女贞子 15 g

　　　生黄芪 30 g　　　黄精 15 g　　　合欢皮 15 g　　　防风 10 g

　　　苦参 20g　　　地肤子 15g

14 剂，每日 1 剂，水煎服。

外治以院内制剂蛇黄软膏外擦患处。

二诊：皮损未变，瘙痒减轻，无新发。患者舌质淡，苔薄白，脉弦涩。

辨证：气阴不足，痰瘀互结证

治法：益气养阴，化痰散瘀

方剂：简化消风散加减

药物：忍冬藤 30 g　　　连翘 15 g　　　龙骨 20 g　　　牡丹皮 15 g

　　　紫荆皮 15 g　　　射干 10 g　　　鸡血藤 30 g　　　酒川芎 15 g

　　　麦冬 20 g　　　五味子 15 g　　　南沙参 30 g　　　路路通 30 g

14 剂，每日 1 剂，水煎服。

三诊：半月后皮损无新发、无瘙痒，明显较前变平。前方加软坚散结之夏枯草15 g、玄参20 g、浙贝母20 g，寓消瘰丸之义。继续治疗2月，皮损基本变平，仅留下淡褐色色素沉着，自觉不痒。

按：结节性痒疹，为高出皮面的绿豆大至蚕豆大的疣状黑褐色结节，质硬，表面不光滑，孤立散在，多发于四肢尤其是小腿伸面，延及四肢躯干，自觉奇痒难忍，中医病名与马疥类似。《诸病源候论·疥候》云："马疥者，皮内隐嶙起作根墌，搔之不知痛。"本病多由风湿热内蕴，兼外感风毒，或昆虫毒汁内侵为患。湿邪风毒凝聚，经络阻隔，气血凝结不通。风湿热内蕴肌腠，日久未经发泄，故皮肤瘙痒剧烈。湿性重着，易袭阴位，故发病多从下肢小腿；湿性黏滞，故病情缠绵难愈。本病早期应以疏风清热、除湿解毒为主，多用荆芥、防风、炒蒺藜、紫荆皮等药。后期病情迁延，结节顽固坚硬，应重用活血化瘀、软坚散结之品，同时顾护患者气阴。钟老以此辨证施治，每多获效。

17. 多形性日光疹

罗某，男，43岁，2019年8月2日初诊。

刻诊：头颈部及双手背丘疹、结节伴瘙痒6年余。患者头皮、额部、颈部及双手背可见米粒至黄豆大小褐色、肤色丘疹及结节，部分皮疹上覆鳞屑，可见破溃及结痂，双手背及颈项部部分皮疹呈疣状增生改变。自觉瘙痒，影响睡眠。追问患者病史，患者从事工程建设工作，常年暴露于日光下。舌淡红，苔薄微腻，脉弦滑。

诊断：多形性日光疹

辨证：湿热证

治法：清热解毒，除湿止痒

方剂：三皮止痒汤加减

药物：蜜桑白皮15 g　　地骨皮15 g　　牡丹皮15 g　　炒僵蚕10 g
　　　炒蒺藜15 g　　　紫荆皮10 g　　白鲜皮15 g　　地肤子10 g
　　　鸡血藤30 g　　　酒川芎10 g

7剂，每日1剂，水煎服。

外治以院内制剂复硼洗剂外擦止痒，1天2次。

二诊：患者瘙痒减轻。舌淡红，苔薄白微腻，脉弦。

辨证：湿热瘀阻证

治法：清热化湿，活血化瘀

方剂：祛湿方加减

药物：蜜桑白皮 15 g　　　地骨皮 15 g　　　藿香 10 g　　　佩兰 10 g

白花蛇舌草 30 g　　丹参 20 g　　　鸡血藤 30 g　　车前草 10 g

白土苓 30 g　　　酒川芎 10 g　　　桔梗 10 g

按：多形性日光疹，中医称"日晒疮"，多发于夏季，与"湿""热""毒"关系密切。"湿"分"内湿"及"外湿"，外湿致病，可见渗液、糜烂、水疱等；内湿致病，病程缠绵。湿与热结，灼津炼液成痰成瘀，故见皮损肥厚增生。热毒袭肤，急性期可见红斑、水疱、渗液，治以清热解毒利湿；慢性期瘀血凝滞，多用凉血活血之品。因此病多发于夏季，治疗时应不忘"因时制宜"，予藿香、佩兰之品清暑化湿。肺合皮毛，以桑白皮、地骨皮泻肺热以行肺中水气，泻肺中伏火，而达到泻皮毛之热；加入牡丹皮一味，泻血中伏火，药虽寒凉，但活血而无凉遏之弊；僵蚕、炒蒺藜、紫荆皮疏风以助血行；地肤子、白鲜皮清热利湿止痒，现代药理研究表明此二味药有一定的抗炎、抑菌功效；久病多虚多瘀，入酒川芎、鸡血藤活血化瘀通络；治疗过程中勿忘清热解毒，选入白花蛇舌草、白土苓。桔梗一味，载药入肺，使药效得以渗入毛窍。

18. 神经性皮炎

何某某，女，55 岁，2019 年 10 月 31 日初诊。

刻诊：项部、双肘丘疹伴瘙痒 3 年余，复发 4 天。4 天前患者因与家人争吵后皮疹复发，项部及双肘可见淡红色融合成片的丘疹，皮损肥厚，上覆糠秕状鳞屑，部分皮损上可见抓痕、结痂，患者自觉瘙痒明显，影响睡眠。舌淡红，苔白微腻，脉沉弦。

诊断：神经性皮炎

辨证：气虚不固，风湿热蕴证

治法：固表除湿，清热止痒

方剂：固表止痒汤加减

药物：生黄芪 30 g　　　麸炒白术 15 g　　　防风 10 g　　　茯苓 15 g

| 生黄柏 10 g | 地肤子 15 g | 白鲜皮 15 g | 炒僵蚕 10 g |
| 炒蒺藜 15 g | 紫荆皮 10 g | 合欢皮 30 g | 石菖蒲 5 g |

14 剂，每日 1 剂，水煎服。

外治以糠酸莫米松乳膏外擦局部。

二诊：皮损无新发，局部仍肥厚，瘙痒减轻，睡眠欠佳。治以益气养血、活血化瘀，具体方药如下：

生黄芪 30 g	麸炒白术 10 g	茯苓 10 g	鸡血藤 30 g
薏苡仁 15 g	炒酸枣仁 15 g	酒川芎 15 g	合欢皮 15 g
石菖蒲 5 g	炒僵蚕 10 g		

按：神经性皮炎，中医称"牛皮癣""摄领疮"，因其皮损厚而坚，状如牛领之皮，好发于颈项部，故名。钟老认为本病与情志关系密切，与"风""湿""热"每每相关，风盛则痒，热盛则皮疹色红，湿盛则病情缠绵反复。初发者多见皮损色红，心烦易怒，失眠多梦，口苦咽干等心火亢盛表现，火盛灼伤阴血，血热生风；反复发作者皮疹多干燥、肥厚，证多属血虚风燥。依据患者的全身辨证及局部辨证，一诊时治以固表祛风、清热除湿止痒。治病当治本，兼顾治标。因阵发性剧痒，本病患者多有睡眠障碍，故应当从"心"论治，养血活血、安神助眠。以合欢皮安五脏、利心志，酸枣仁、川芎、茯苓即寓酸枣仁汤之义；瘙痒减轻，"瘙痒－搔抓－瘙痒"的恶性循环即可不攻自破。久病入络，玄府闭塞，加少量开窍药，开通毛窍，引药于皮，同时配入虫药搜风通络；久病多虚多瘀，故以养血活血之鸡血藤、酒川芎活血化瘀。对于皮损肥厚者，单纯内治恐难奏效，故佐以糠酸莫米松乳膏外用，抗炎、抗增生。

本病目前尚无明确的发病机制，治疗的根本目的在于止痒。西药多采用糖皮质激素类外用，但长期外用激素制剂，会导致皮肤萎缩、多毛等不良反应，中医中药应当发挥其优势。

19. 手足汗疱疹

肖某，女，23 岁，2018 年 7 月 23 日初诊。

刻诊：双手指起水疱 5 年，复发 1 周。患者自 5 年前开始双手指背面、指侧出现小水疱，疱液清亮，疱壁较厚不易破，继之出现领圈样脱屑，每年夏秋季节反复发作，瘙痒明显。平素自觉口中黏腻，纳差。舌体胖大有齿痕，苔白滑，脉濡。

诊断：手足汗疱疹

辨证：湿浊证

治法：除湿止痒

方剂：萆薢渗湿汤加减

药物：麸炒苍术 15 g　　生黄柏 15 g　　薏苡仁 30 g　　萆薢 15 g

　　　白土苓 30 g　　川牛膝 10 g　　广藿香 10 g　　佩兰 10 g

　　　盐泽泻 10 g　　车前草 15 g　　白鲜皮 15 g　　地肤子 15 g

　　　　　　　　　　　　　　　　14 剂，每日 1 剂，水煎服。

外治以硼酸溶液冷湿敷患处。

二诊：水疱减少，瘙痒减轻，无新发。舌体胖大，苔薄白，脉濡。

辨证：脾虚湿蕴证

治法：健脾除湿

方剂：除湿胃苓汤加减

药物：麸炒苍术 15 g　　厚朴 10 g　　陈皮 10 g　　麸炒白术 10 g

　　　泽泻 15 g　　　猪苓 15 g　　茯苓 30 g　　桂枝 10 g

　　　法半夏 15 g　　生黄芪 30 g　　白茅根 15 g　　鸡血藤 30 g

　　　　　　　　　　　　　　　　14 剂，每日 1 剂，水煎服。

外治以糠酸莫米松乳膏外擦止痒。

按： 汗疱疹，又称出汗不良性湿疹，病因病机总不离一个"湿"字。脾胃虚弱，中央脾土不能制水，水湿内生，复与外湿相合，蕴于肌肤毛窍，缠绵难愈。脾阳不足，水湿不得运化，津液输布失常，发于肌肤则成水疱。钟老认为本病治标在除湿，治本在健脾。故水疱、渗液明显时，以萆薢渗湿汤除湿以止痒，辅以硼酸溶液冷湿敷患处起收敛渗液之用。病情缓解后，当以健脾除湿为本，除湿胃苓汤中既寓健脾和胃之平胃散，又寓温阳化湿之五苓汤，脾阳振奋，故水湿得以温化。此如绵绵阴雨天之太阳，阳热氤氲，雨水蒸化。二诊时考虑到久病入络，玄府闭塞，加桂枝既温阳化饮，更是寓发汗解肌、开通毛窍、引药于皮之义。若疾病后期，脱屑较多，应酌加养血润肤之品，如当归、制何首乌、熟地黄、桑葚、黄精等药。故本治疗药到病除，每每奏效。

20. 酒渣鼻

冯某，男，46 岁，2010 年 8 月 15 日初诊。

刻诊：鼻尖、口周发炎、起红色丘疹 3 年余，3 年多前无明显诱因鼻尖起红色丘疹，不痒，压痛，挤出乳白色分泌物，反复发作，数目逐渐增多，皮肤发红潮热，基底微痒，后加重皮损扩展到口周，多方治疗无效。舌质偏红，苔薄白，脉弦。

诊断：酒渣鼻

辨证：肺经风热证

治法：清热疏风，软坚散结

方剂：泻白散加减

药物：桑白皮 15 g　　地骨皮 15 g　　玄参 20 g　　　　牡蛎 20 g

　　　郁金 12 g　　　夏枯草 30 g　　牡丹皮 12 g　　　皂刺 15 g

　　　延胡 15 g　　　蚤休 15 g　　　白花蛇舌草 30 g

　　　　　　　　　　　　　　　　　7 剂，每日 1 剂，水煎取汁 150 mL。

二诊：鼻部皮损好转，下颌部又发新疹，丘疹，色红，顶部有脓点。舌质淡红，苔薄白，脉弦。

辨证：肺热壅盛

方剂：泻白散合消瘰丸加减

药物：桑白皮 15 g　　地骨皮 15 g　　牡丹皮 15 g　　　丹参 20 g

　　　延胡 15 g　　　郁金 12 g　　　夏枯草 30 g　　　玄参 20 g

　　　牡蛎 20 g　　　白花蛇舌草 30 g　白茅根 20 g　　　虎杖 15 g

　　　　　　　　　　　　　　　　　6 剂，每日 1 剂，水煎取汁 150 mL。

三诊：鼻尖部毛细血管扩张，颏部仍有红色丘疹，舌质淡红，苔薄白，脉弦。

药物：桑白皮 12 g　　地骨皮 12 g　　丹参 15 g　　　郁金 12 g

　　　夏枯草 30 g　　玄参 15 g　　　牡蛎 20 g　　　连翘 15 g

　　　白花蛇舌草 20 g　焦楂 15 g　　　鸡血藤 12 g　　皂刺 12 g

　　　　　　　　　　　　　　　　　6 剂，每日 1 剂，水煎取汁 150 mL。

四诊：皮损明显好转，无新发丘疹，仅皮肤（病灶处）潮红，无自觉症状，舌质淡红，苔薄白，脉弦。

药物：桑白皮 12 g　　地骨皮 12 g　　牡丹皮 12 g　　生地 20 g

紫荆皮 15 g　　黄芩 12 g　　白茅根 30 g　　白花蛇舌草 30 g

刺蒺藜 15 g　　连翘 15 g　　丹参 15 g　　夏枯草 15 g

6 剂，每日 1 剂，水煎取汁 150 mL。

五诊：皮损继续好转，鼻尖部仅见淡红色斑片伴毛细血管扩张，口周有少许新发丘疹，舌质淡红，苔薄白，脉弦。

方剂：泻白散合消瘰丸加减

药物：桑白皮 15 g　　地骨皮 15 g　　牡丹皮 15 g　　玄参 20 g

牡蛎 20 g　　郁金 12 g　　夏枯草 30 g　　桃仁 10 g

橘络 10 g　　焦楂 15 g　　白茅根 20 g　　生地 20 g

白花蛇舌草 30g

12 剂，每日 1 剂，水煎取汁 150 mL。

服药后皮损消退，红斑基本消失，呈淡红色，仅留少许毛细血管扩张（鼻尖）。

按：本病多由于肺胃积热上蒸，或因嗜酒，或喜食肥甘厚味，助升胃火，肺胃积热，熏蒸颜面，而生红斑、丘疹，不痒，挤出乳白色分泌物。日久失治，患者体虚卫外不固，外感风热之邪，故反复发作，数目逐渐增多，皮肤发红潮热，基底微痒，范围扩散至口周。舌质偏红，苔薄白，脉弦均为肺经风热之征。钟老在治疗过程中以清热疏风、软坚散结为主，方选泻白散加减。其中桑白皮、地骨皮取泻白散之意，泻肺之热；玄参、牡蛎取消瘰丸之意，软坚散结；郁金、夏枯草、皂角刺、蚤休、白花蛇舌草共奏清热解毒、软坚散结之功；丹皮凉血解毒，延胡索行气。

二诊时患者鼻部皮损好转，但风热犯肺入里，化生热毒，故下颌部又发新疹，且色红甚；肺热壅盛，燔灼肌肤，故热盛肉腐化而为脓，故可见皮疹顶部有脓点。舌质淡红，苔薄白，脉弦均为肺热壅盛之征。

钟老在治疗过程中以清热泻肺，软坚散结为主，方选泻白散合消瘰丸加减。其中桑白皮、地骨皮取泻白散之意，清泻肺热；玄参、牡蛎取消瘰丸之意软坚散结；丹皮凉血解毒；丹参、郁金、延胡索行气活血；夏枯草、白花蛇舌草清热解毒，软坚散结；白茅根清热凉血利尿，虎杖活血化瘀、清热利湿，二者令邪有出路。

21. 白癜风

邹某，女，10 岁，2017 年 4 月 18 日初诊。

刻诊：口角右下方柳叶状色素脱失斑片 3 年，呈乳白色，境界清楚，无自觉症状。纳差，舌淡红，苔薄白，脉沉细。皮损处伍德灯检查呈瓷白色荧光。

诊断：白癜风

辨证：肝肾不足证

治法：滋养肝肾

方剂：三黄固本汤加减

药物：黄芪 15 g　　黄精 12 g　　菟丝子 15 g　　当归 10 g

何首乌 20 g　　川芎 10 g　　桑葚 15 g　　制首乌 10 g

鸡血藤 15 g　　白术 12 g　　刺蒺藜 15 g　　补骨脂 10 g

骨碎补 12 g

14 剂，每日 1 剂，水煎服。

外治以白癜风酊，具体方药如下：

菟丝子 30 g　　补骨脂 15 g　　白芷 15 g　　红花 15 g

紫草 15 g　　乌梅 15 g　　何首乌 20 g

白酒浸泡 1 周后，棉签蘸少许外搽患处，每天 1～2 次。

二诊：局部皮损变红，皮损面积无扩大，且无新发皮损，纳可，已见疗效，继服上方 1 月后复诊。

三诊：治疗月余后，皮损面积较前缩小，肤色由瓷白转为红褐色，其中有少量色素岛生长，舌淡红，苔薄白，脉沉细。

辨证：肝肾不足证

治法：调补肝肾

药物：黄芪 15 g　　黄精 12 g　　菟丝子 15 g　　当归 10 g

川芎 10 g　　制何首乌 20 g　　桑葚 15 g　　制首乌 10 g

鸡血藤 15 g　　白术 12 g　　刺蒺藜 15 g　　补骨脂 10 g

骨碎补 12 g　　石菖蒲 10 g　　升麻 10 g

14 剂，每日 1 剂，水煎服。

外治同前。

按：该患者为幼年患者，素体多先天禀赋不足。肾为先天之本，肝肾同源，肝藏血，肾藏精，肝肾亏虚，精血不能化生，皮毛失养，而出现皮肤色素脱失；选方三黄固本汤加补骨脂、制首乌、骨碎补以补益肝肾。白癜风的基本病机虽为肝肾不足，但风邪外袭是本病的诱发因素，故用刺蒺藜以祛风；因精血同源，养血则精得以化生，故用骨碎补、鸡血藤、制首乌养血以加强填补肾精。复诊时证型基本同前，在原方基础上加以石菖蒲醒肌肤毛窍，升麻走上引经于面部，以药到病所。外用白癜风酊，治疗月余后，病情明显好转，可见色素岛生长，治有成效，守法守方加减，继续治疗，终收临床疗效。

22. 盘状红斑狼疮

黎某某，男，24岁，2016年10月24日初诊。

刻诊：头、手、足红斑，上覆黏着性鳞屑2年余。2年多前夏季因日晒后先于手部出现红斑，微痒，未予重视，后逐渐数目增多，红斑基础上出现黏着鳞屑。自行给予皮炎平等外搽，症状可缓解，但不能痊愈。每遇日晒后加重，皮损逐渐蔓延到头、足、膝、耳后。舌质淡红，苔薄腻，脉弦。实验室检查：曾在四川大学华西医院皮肤活检，提示：盘状红斑狼疮（DLE）。血常规、抗体ENA谱等均正常。

诊断：盘状红斑狼疮

辨证：湿毒壅滞证

治法：清热解毒，健脾除湿

方剂：泻白散加减

药物：

桑白皮12 g	地骨皮12 g	牡丹皮12 g	炒白术12 g
土茯苓20 g	薏苡仁20 g	黄芩12 g	白鲜皮15 g
紫荆皮15 g	刺蒺藜15 g	车前草15 g	僵蚕10 g

6剂，每日1剂，水煎取汁150 mL。

辅助治疗：去炎松尿素霜　2支　外用

二诊：患者用药后红斑色转暗红，鳞屑消失，尤以面部及耳后皮损好转显著，舌质淡红，苔薄白，脉弦数。

辨证：热毒壅滞证

治法：清热解毒，扶正祛邪

方剂：泻白散加减

药物：桑白皮 12 g　地骨皮 12 g　牡丹皮 12 g　川芎 12 g

　　　玄参 20 g　　知母 10 g　　土茯苓 20 g　白花蛇舌草 30 g

　　　黄芪 15 g　　桑枝 10 g　　丝瓜络 10 g

6 剂，每日 1 剂，水煎取汁 150 mL。

三诊：患者红斑鳞屑均消退，局部皮肤略有萎缩，形成浅的萎缩性疤痕伴色素沉着。口干，舌质淡红，苔薄白，脉沉细。

辨证：气阴不足证

治法：益气养阴，扶正托毒

方剂：三黄固本汤加减

药物：黄芪 30 g　黄精 15 g　玉竹 15 g　　北沙参 30 g

　　　麦冬 12 g　白芍 15 g　女贞子 15 g　山茱萸 10 g

　　　当归 15 g　制首乌 20 g　桔梗 10 g　　菟丝子 20 g

6 剂，每日 1 剂，水煎取汁 150 mL。

按：患者先天禀赋不足，夏日气候炎热，热毒炽盛，耗伤阴液。正常人腠理致密，日光照射均无所顾忌，谓"正气存内，邪不可干"。但患者腠理不密，再受日光照晒，热毒入里，燔灼营血，瘀于血脉，外则伤肤损络，内则伤及脏腑，阳热之毒壅于肌肤，则发红斑，且始发于易受光照的暴露部位，如双手等处。久之，热毒煎熬阴液，红斑数目增多，肌肤失于濡养，故而生风化燥，出现黏着鳞屑，瘙痒。患者久病多虚，以肝肾阴虚为本；每遇日晒后，阳毒侵袭，则又以热毒炽盛为标，蔓延范围增大。四川盆地气候潮湿，湿热毒邪侵袭肌肤，从而发斑。舌质淡红，苔薄腻，脉弦均为湿毒壅滞之征。故在治疗上应以清热解毒、健脾除湿为主，方选泻白散加减。肺合皮毛，方中以桑白皮、地骨皮泻肺热；皮损红甚，属热伏血分，故选丹皮、紫荆皮清解血分热毒；炒白术、薏苡仁健脾除湿；白鲜皮除湿止痒、紫荆皮凉血止痒，刺蒺藜、僵蚕疏风止痒；黄芩清热燥湿，土茯苓除湿解毒，二者将解毒贯穿治疗始终；车前草清热利尿，让邪毒有所出路。

患者经二诊治疗后，湿毒已清，但热毒伏于血分仍未解。久病多瘀，热毒壅滞，血脉瘀阻，故皮损暗红。舌质淡红，苔薄白，脉弦数，均为热毒壅滞之征。治疗上以清热解毒、扶正祛邪为主，方选泻白散加减。方中仍以桑白皮、地骨皮清解肺热；丹皮清解血分之热；川芎、丝瓜络行气活血通络；土茯苓、白花蛇舌草清热解毒；配合桑枝引经；玄参、知母养阴清热，与黄芪益气共奏扶正祛邪之功。

患者经三诊治疗后，热毒已清，邪去正衰，红斑鳞屑均消退。久病多虚多瘀，伤及气阴，肌肤失于濡养，故局部皮肤略有萎缩，形成萎缩性瘢痕；血瘀则伴有色素沉着，阴液亏虚则自觉口干。舌质淡红，苔薄白，脉沉细，均为气阴不足之征。治疗当以益气养阴、扶正托毒为主，方选钟老验方三黄固本汤加减。黄芪、北沙参益气；黄精、玉竹、麦冬、白芍养阴；女贞子、山茱萸、制首乌、菟丝子补益肝肾，当归养血活血，桔梗引经入肺。

23. 银屑病

案例 1

周某某，女，28 岁，2018 年 6 月 19 日初诊。

刻诊：全身泛发红斑鳞屑伴瘙痒 2 年余。2 年多前因患急性化脓性扁桃体炎，后躯干皮肤出现红色点滴状斑疹，上覆银白色鳞屑，未引起重视。后逐渐增多，伴明显瘙痒。曾在市中医医院服中药数十副，无效，夏轻冬重，反复发作并逐渐加重，皮损全身泛发，遂来我院就诊。体格检查：一般内科检查未见异常。专科情况：头皮、躯干、四肢泛发点滴状至钱币状大小红斑，表面附着较薄的银白色鳞屑，Auspitz 征阳性，双下肢皮损部分已融合成片。口干，大便干燥，二日一行，眠可。舌质淡红，苔薄白，脉沉细。实验室检查：三大常规（－），肝肾功（－）。

诊断：中医诊断：白疕

　　　　西医诊断：寻常型银屑病

辨证：气虚毒滞证

治法：益气托毒

方剂：玉屏风散加减

药物：黄芪 30 g　　　炒白术 12 g　　　防风 15 g　　　鸡血藤 30 g

　　　白鲜皮 15 g　　　僵蚕 10 g　　　川芎 12 g　　　黄柏 10 g

　　　白花蛇舌草 30 g　紫荆皮 15 g　　　制首乌 20 g

　　　　　　　　　　　　　　　　　14 剂，每日 1 剂，水煎取汁 150 mL。

辅助治疗：迪银片　　每次5粒　　每日2次

去炎松尿素软膏　3支　　外搽患处　　每日2次

二诊：皮损色红，鳞屑明显减少，不痒，口干，舌质红，苔薄黄，脉弦。

辨证：血虚风燥证

治法：养血润肤，清解余毒

方剂：四物汤合泻白散加减

药物：桑白皮15 g　　地骨皮15 g　　牡丹皮12 g　　制首乌20 g

玄参15 g　　牡蛎20 g　　白花蛇舌草30 g　当归15 g

鸡血藤30 g　　蜈蚣1条　　黄柏12 g

14剂，每日1剂，水煎取汁150 mL。

辅助治疗：去炎松尿素软膏　5支　外搽患处

服上方20付后，皮损淡红，细小鳞屑，不痒，仅下肢残留4处红斑，上覆鳞屑。临床治愈。嘱病人再服上方，以巩固治疗。

按：银屑病是一种常见的、易复发的、慢性炎症性的红斑鳞屑性皮肤病，属于中医学"白疕"范畴。临床根据其皮损特点常分为寻常型银屑病、脓疱型银屑病、红皮病型银屑病和关节病型银屑病。因为银屑病进行期的主要病机是湿热蕴毒，所以解毒必须贯彻本病治疗始终。选择苦寒药物治疗银屑病初发或复发不久之湿热证型，是本着"苦能燥湿，寒能清热"原则。

本病初起之时，风寒或风热之邪外侵，首先犯肺，咽喉乃肺之门户，而红肿疼痛，久之邪郁不解，故而化热，热甚肉腐，酿之为脓；外邪袭肺，肺合皮毛，以致毛窍闭塞不通，气血运行不畅，阻于肌表而生斑疹。日久外邪已化，而气血耗伤，久病伤及气阴，多虚多瘀，则血虚风燥，肌肤失养，故皮损白屑片片，易于剥落。久病气虚卫外不固，反复发作，阴虚内热，则皮损基底色红，搔之易于出血，同时伴有口干、大便干之状。患者舌质淡红，苔薄白，脉沉细皆为气虚毒滞之征。故在治疗上则应以益气托毒为主，方选玉屏风散加减。方中黄芪、白术、防风益气固表，鸡血藤、川芎养血活血行气，以散毒滞，乃"治风先治血，血行风自灭"，同时予以白鲜皮、僵蚕、紫荆皮疏风清热止痒，黄柏引火归源，生首乌滋补肝肾，润肠通便。

　　患者经益气托毒治疗后,瘙痒大减,鳞屑大减。但因久病多虚多瘀,伤及阴液,阴虚化热生风,肌肤失养,余毒未解,伏于血分。舌质红,苔薄黄,脉弦,口干均是血虚风燥之征。予以四物汤养血活血润肤,同时予以泻白散清解余毒,玄参、牡蛎取消瘰丸之软坚散结之意,黄柏引火归源,白花蛇舌草将解毒贯穿始终,制首乌补益肝肾。从内而外,以消有形之邪,让机体保持阴平阳秘,故疾病得愈。

案例2

　　余某某,男,66岁,2010年12月20日初诊。

　　刻诊:反复全身红斑、鳞屑20余年,加重伴大量脱屑4月。查体:全身泛发水肿性红斑大量脱屑,畏寒,小腿水肿明显,纳可,小便短少,眠差,舌淡红,苔薄白,脉沉数。

　　诊断:中医诊断:白疕

　　　　　西医诊断:红皮病型银屑病

　　辨证:血热毒盛证

　　治法:清热凉血利水

　　方剂:犀角地黄汤加减

　　药物:紫草60 g　　　生地30 g　　　玄参18 g　　　双花9 g

　　　　　生甘草9 g　　　茯苓15 g　　　泽泻9 g　　　冬瓜皮15 g

　　　　　猪苓9 g　　　　泽兰9 g　　　地龙9 g

　　　　　　　　　　　　　　　　　7剂,每日1剂,水煎服,分2次服用。

　　二诊:1周后患者皮损颜色略变淡,但下肢水肿加重,畏寒明显,腰酸痛,舌略胖大,水滑苔明显,脉滑。天气炎热但患者喜厚衣,小便不利,阳虚水泛之象明显,遂治以温阳利水。

　　辨证:阳虚水泛证

　　治法:温阳利水

　　方剂:真武汤

　　药物:制附片9 g　　　茯苓9 g　　　白术6 g　　　　白芍9 g

　　　　　生姜6片　　　　双花9 g　　　紫草9 g

　　　　　　　　　　　　　　　　　7剂,每日1剂,水煎服,分2次服用。

服药 1 周后下肢水肿明显消退，皮损颜色明显变淡，畏寒减轻，效果明显。

三诊：守方 1 个月后，皮损大部分消退。

按：真武汤病机为阳虚水泛，本例患者久病加之长期服用寒凉药而出现明显阳虚不能制水之象。首诊时因其皮损色红而大剂用凉血药，病情无明显好转，且舌变胖大水滑苔；钟老二诊依此辨为阳虚水泛，不固守于血热之说，改用真武汤后患者阳气恢复，诸证均减。此例说明了辨证施治是中医的根本所在，治病不可有固定模式。

24. 皮肌炎

卜某某，女，46 岁，2009 年 12 月 9 日初诊。

刻诊：患者确诊皮肌炎 2 年，面部以眼睑为中心的水肿型紫红色斑 3 年余，皮色紫红，质硬，略高于皮面，其上有细小鳞屑，常服用强的松 40 mg。舌红少苔，脉弦数。实验室检查：嗜酸粒细胞升高，血沉增快及球蛋白增高，肌酸激酶（CK）、乳酸脱氢酶（LDH）升高。

诊断：皮肌炎

辨证：气阴两虚证

治法：益气补阴

方剂：三黄固本汤加味

药物：黄芪 30 g　　女贞子 20 g　　旱莲草 15 g　　鸡血藤 30 g
　　　枸杞 15 g　　　当归 15 g　　　川芎 10 g　　　黄精 15 g
　　　玉竹 15 g　　　首乌藤 30 g　　桑葚子 20 g　　菟丝子 20 g
　　　枸杞子 20 g

7 剂，每日 1 剂，水煎服。

二诊：上药服 7 剂后，自诉口干口渴，前方加北沙参 20 g、麦冬 15 g 继服。患者坚持用药 20 剂再诊时，皮损平于皮面，舌质淡红，苔薄白，脉沉细，以前方去川芎、北沙参，加党参 30 g 续服，皮损色泽与周边肤色基本一致，达临床痊愈。

按：钟老认为结缔组织疾病总病机乃本虚标实之证，常见虚实夹杂。在治疗的各阶段始终不应忘固其本、扶其正，用扶正祛邪的治疗原则。且益气养阴是关键。该患者素体多病，先天不足，卫阳不固，感风寒湿邪，阻于皮肤，气血运行不畅，故出现水肿型红斑；病程迁延，日久气血两亏，脾肾阳虚，故选自拟的三黄固本汤加减，每获良效。

25. 过敏性紫癜

殷某某，女，16 岁，2010 年 4 月 13 日初诊。

刻诊：躯干及下肢起紫斑 4 天，阵发性腹绞痛 1 天。查体：躯干及下肢皮肤可见散在分布的针头至粟粒大小的斑疹，呈暗红色，压之不褪色，腹部疼痛、拒按，伴恶心欲呕，舌红，苔黄腻，脉濡数。

诊断：中医诊断：葡萄疫

西医诊断：腹型过敏性紫癜

辨证：湿热瘀阻证

方剂：芍药甘草汤

药物：赤白芍各 30 g　　　　生甘草 15 g

2 剂，每日 1 剂，水煎分 3 次服。

二诊：2 天后腹痛缓解。继用清热凉血、止血、活血之剂治疗，方用犀角地黄汤加减。

药物：生地黄 20 g　　牡丹皮 15 g　　水牛角 10 g　　赤芍 30 g
　　　蒲黄炭 10 g　　地榆炭 10 g　　白茅根 30 g　　茜草 10 g
　　　大小蓟各 15 g

7 剂，每日 1 剂，水煎服。

三诊：服上方 7 剂后，紫斑完全消退。

按：张仲景在《伤寒论·太阳篇》芍药甘草汤方中记载："……脚挛急……，若厥愈足温者，更作芍药甘草汤与之，其脚即伸"，立法以甘酸为主，依据源于《内经》"肝苦急，即食甘以缓之，以酸泻之"。方中芍药酸寒，养血敛阴，柔肝止痛；甘草甘温，健脾益气，缓急止痛，二药相伍，酸甘化阴，调和肝脾，具有养血滋阴、平肝抑木、敛肝柔肝、缓急止痛之功效。现代临床医学应用中认为芍药甘草汤对中枢神经、末梢神经有良好镇静作用，白芍总苷对小鼠免疫应答具有调节作用。白芍与甘草同用，能治中枢性或末梢性肌痉挛，以及因痉挛引起的疼痛。甘草中的甘草次酸有抗炎作用，甘草甜素有解毒作用，并对实验性溃疡有明显抑制作用，能缓解胃肠痉挛，可使横纹肌、平滑肌松弛，无论对于体表的或内里的拘挛疼痛，均有良效，故先用其止腹痛。继用犀角地黄汤加减，清热凉血、止血、化瘀之剂消斑而获愈。

26. 玫瑰糠疹

孙某某，女，34 岁，2010 年 2 月 10 日初诊。

刻诊：躯干部出现红色丘疹、瘙痒伴口苦 1 周。查体：急性病容，精神欠佳，躯干部散在红色丘疹，丘疹呈椭圆形，上覆细小鳞屑，皮损向心性分布，舌尖红、苔黄、脉浮。

诊断：玫瑰糠疹

辨证：柴胡证

治法：和解少阳，佐以清热解毒

方剂：小柴胡汤加减

药物：柴胡 15 g　　黄芩 10 g　　党参 15 g　　半夏 15 g

生姜 10 g　　大枣 5 枚　　金银花 20 g　　连翘 15 g

荆芥 15 g　　防风 15 g

5 剂，每日 1 剂，水煎服。

二诊：服药后精神明显好转，无新发皮疹，守前方去半夏、生姜、荆芥、防风，加玄参、麦冬各 15 g，服 6 剂而愈。

按： 汪苓友曰："柴胡证者，谓邪入少阳，在半表半里之间也。但见一证，谓或口苦，或咽干，目眩，或耳聋无闻，或胁下硬满，或呕不能食，往来寒热等。" 钟老认为皮肤病虽有外在皮疹，重视局部辨证，然内治之基础与内科相同，见到"柴胡证"即可用小柴胡汤，并结合局部辨证加减用药。抓住"口苦"一证辨为柴胡证，以小柴胡汤为主方，结合病因加入金银花、连翘等清热解毒，患者 2 周痊愈，疗效显著。

27. 脂溢性皮炎

王某，男，27 岁。2018 年 4 月 24 日初诊。

刻诊：头皮红斑鳞屑伴瘙痒 1 年多。1 年多前患者无明显诱因出现头皮油脂增多，头皮屑日益加重，同时伴有瘙痒，既往有头发油腻和少量脱发史。否认慢性疾病和染发史。否认药物及食物过敏史。体格检查：头皮轻度潮红，大量鳞屑覆盖，油性黏着，头发稀疏，颈淋巴结及枕后淋巴结未扪及肿大，其余项目检查均（－）。舌质红，苔薄白，脉弦。

诊断：脂溢性皮炎

辨证：风热证

治法：清热疏风

方剂：三皮止痒汤加减

药物：桑白皮 12 g　　地骨皮 12 g　　牡丹皮 12 g　　僵蚕 12 g

刺蒺藜 15 g　　焦山楂 15 g　　白茅根 15 g　　白花蛇舌草 20 g

当归 10 g　　　制首乌 20 g　　桔梗 10 g

7 剂，每日 1 剂，水煎取汁 150 mL，每日三次。

外洗方：苦参汤加减

苦参 20 g　　白芷 15 g　　地肤子 15 g　　蛇床子 15 g

芒硝 15 g　　百部 12 g　　侧柏叶 20 g　　千里光 10 g

黄柏 12 g

煎水外洗，每日一次。

二诊：头皮油腻、瘙痒减轻，头屑减少，头发易脱落，舌质偏红，苔薄腻，脉沉细。

辨证：气虚卫外不固证

治法：益气固表

方剂：玉屏风散加味

药物：黄芪 30 g　　炒白术 15 g　　防风 10 g　　茯苓 12 g

当归 15 g　　　川芎 12 g　　　焦楂 15 g　　白花蛇舌草 30 g

制首乌 20 g　　桔梗 12 g

6 剂，每日 1 剂，水煎取汁 150 mL，每日三次。

外洗方：苦参汤加减

苦参 20 g　　白芷 15 g　　当归 15 g　　百部 15 g

芒硝 15 g　　侧柏叶 15 g　　黄柏 15 g　　野菊花 20 g

煎水外洗，每日一次。

三诊：瘙痒消失，少有鳞屑，头皮正常，潮红消退，舌质偏红，苔薄腻，脉细弦。

辨证：气虚夹湿，血虚风燥证

治法：益气健脾除湿，养血润燥

方剂：当归补血汤加减

药物：黄芪 20 g　　炒白术 12 g　　茯苓 12 g　　陈皮 10 g

桔梗 10 g　　当归 15 g　　川芎 15 g　　菟丝子 15 g

桑葚子 15 g　薏苡仁 15 g

6 剂，每日 1 剂，水煎取汁 150 mL，每日三次。

外洗方：侧柏洗方加减

生首乌 20 g　当归 15 g　　白芷 10 g　　陈艾 12 g

大黄 12 g　　侧柏叶 20 g　桂枝 12 g

4 剂，煎水外洗，每日一剂。

按： 患者先天禀赋不足，三年前因用某品牌洗发水后出现头皮瘙痒，在我院治疗症状消失后，遂出现头发油脂增多。外感风热之邪，"高巅之上，为风所动"故出现头皮痒甚，轻度潮红；热邪伤阴，故头皮屑日益加重，最终层层叠叠。舌质红，苔薄白，脉弦均为风热之征。钟老在治疗过程中，内服药治疗以清热疏风为主，方选三皮止痒汤加减。其中桑白皮、地骨皮、丹皮清泻肺热；僵蚕、刺蒺藜疏风止痒；白花蛇舌草、焦楂清热解毒，同时现代药理研究表明，二者有明显的抑制皮脂溢出作用；白茅根清热利尿，令邪有出路；桔梗引经；当归、制首乌兼以养血生发。而在外洗方中更是具有中医特色，选取外科名方苦参汤加减，以达清热除湿止痒之功。

二诊时，患者服用上方后皮脂溢出明显减少，瘙痒减轻，头皮屑变少。但因日久未愈，表卫不固，热邪伤阴，故头皮呈干燥状，头发易于脱落。患者舌质红，苔薄腻，脉沉细均为气虚卫外不固之征。钟老在内治过程中则以益气固表为主，方选玉屏风散加减。其中黄芪、炒白术、防风乃玉屏风散全方，功在益气固表；茯苓健脾除湿；焦楂、白花蛇舌草清热解毒，抑制皮脂分泌；当归、川芎、制首乌活血行气，养血生发；桔梗引经向上。外洗方仍以苦参汤加减，功在清热解毒，除湿止痒。

三诊时，患者服用上方后瘙痒消失，少有鳞屑，头皮正常，潮红消退，效果颇佳。但久病多虚多瘀，伤及气阴，精血同源，故易化燥生风。舌质偏红，苔薄腻，脉细弦均为气虚夹湿，血虚风燥之征。钟老在内治过程中以益气健脾除湿，养血润燥为主，方选当归补血汤加减。其中黄芪、当归取当归补血汤之意，养血补血；炒白术、茯苓、陈皮、薏苡仁健脾除湿；当归、川芎、菟丝子、桑葚子养血活血，补肾生发；桔梗引经。外治中，因患者皮脂溢出明显减少故此次应以养血生发、温经通络为主，所选处方为外洗名方侧柏洗方加减。

28. 慢性荨麻疹

张某某，女，40 岁，2018 年 10 月 19 日初诊。

刻诊：患者反复全身起白色风团伴瘙痒 8 年余。遇冷易发，发则周身皮肤起白色风团、瘙痒，服抗过敏药量渐加大而效愈差。常感手足冰冷，冬季尤甚，咽喉干燥不舒，不欲饮水，二便正常。舌质偏红，苔薄黄腻，脉细。

诊断：慢性荨麻疹

辨证：表虚卫弱、风寒外客证

治法：调和营卫，祛风散寒

方剂：桂枝汤加减

药物：炙桂枝 10 g　　炒白芍 10 g　　生黄芪 15 g　　防风 10 g

生白术 10 g　　炙甘草 3 g　　党参 10 g　　当归 10 g

生姜 3 片　　大枣 4 枚

7 剂，每日 1 剂，水煎服。

二诊：虽然气温下降，但皮疹未发。下颌部小片瘙痒，怕冷不恶风，咽部仍然干燥不舒，无痰、不咳。腰酸，胃中不和，嗳气时作。舌质红、苔薄，脉细。原方去生姜、大枣加法半夏 10 g、南沙参 12 g、桔梗 4 g，7 剂。

三诊：皮疹未发，偶见皮肤痒感，经行先期 1 周，血量不多。头时晕，寐差，舌质暗红，苔黄薄腻，脉细。于前方加制首乌 10 g、枸杞子 10 g，14 剂，以善其后，痊愈。

按：寒冷性荨麻疹是以正气内虚为主，复因外在风寒之邪侵袭机体。"阳气者卫外而为固也"，一旦失和则"邪气客于肌肤，复遇风寒相搏则为瘾疹"。风寒伤表，病属卫分，故瘾疹色白，遇风、冷则甚，得暖则瘥。发疹时间也多在隐晦之日或朝夕阳微之时，治疗以整体调节营卫为主，补肺脾之气为辅，佐以活血祛风。重视营卫二气、肺脾与肌肤皮毛、内外风、心神等之间的关系，通过整体调节患者免疫力，达到治疗寒冷性荨麻疹的目的。桂枝汤为《伤寒论》名方，药由桂枝、芍药、甘草、大枣、生姜组成，具有解肌祛风、调和营卫之功，用以治疗太阳中风表虚证或杂病营卫不和自汗证。肺主气，司宣发，外合皮毛，皮肤与肺关系密切，皮肤必须依赖肺气的温煦才能润泽。方中桂枝为君，助卫阳，通经络，解肌发表而祛在表之风邪；芍药为臣，益阴敛营。桂芍等量合用，一治卫强，一治营弱，散中有收，汗中寓补，使表邪得解。生姜辛温，既助桂枝辛散表邪，又兼和胃止呕；大枣甘平，意在益气补中，且可滋脾生津。姜枣相配，是为补脾和胃、调和营卫的常用组合，共为佐药。炙甘草调和药性，合桂枝辛甘化阳以实卫，合芍药酸甘化阴以和营，功兼佐使之用。全方药虽仅 5 味，但组合严谨，发中有补，散中有收，邪正兼顾，阴阳并调。

29. 黄褐斑

顾某，女，35 岁，2015 年 8 月 19 日初诊。

刻诊：两颊部色素沉着 4 年。两侧颧部周围对称性蝶形斑片，灰褐色，常感心烦易怒，腰膝酸软，夜间手足心发热，经常失眠，月经量少，舌质红，少苔，脉弦细。

诊断：黄褐斑

辨证：肝肾阴虚证

治法：补益肝肾，疏肝解郁

方剂：三黄固本汤合知柏地黄丸加减

药物：

知母 12 g	黄柏 12 g	制何首乌 20 g	生地黄 15 g
黄芪 30 g	黄精 20 g	枸杞子 12 g	菟丝子 12 g
女贞子 12 g	当归 20 g	合欢皮 15 g	柴胡 12 g
白芍 20 g	益母草 15 g	丹参 20 g	

14 剂，每日 1 剂，水煎服。

二诊：两颧部下片状黄褐斑片面积较前有所缩小，颜色变淡、心烦、失眠明显好转，舌质红，少苔，脉沉。已见疗效，效不更方，前方不变，日服一剂，守方1月。

三诊：两颧部下片状黄褐色斑片面积明显缩小，颜色变淡，呈不规则脱落，月经量较前增多，睡眠可，舌质淡红，苔薄白，脉沉，前方去知母、黄柏、生地黄，日服一剂，守方1月。

四诊：两颧部下黄褐色斑片浅淡，仅于颧部下有少许，睡眠可，舌质淡红苔薄白，脉弦细，加肉桂10 g、橘络10 g，巩固治疗1月而基本达到临床痊愈。

按：黄褐斑属于中医"面尘""肝斑""黧黑斑"等范畴。中医学认为本病是全身性疾病的一种局部反应，与阴阳、气血、脏腑、经络的失调有关，其病位在皮，病因在内。最早有文字记载本病的是《黄帝内经》，其中《素问·至真要大论》详论五运六气与本病的关系："岁阳明在泉，燥淫所胜，则霜雾清暝。民病喜呕，呕有苦，善太息，心胁痛不能反侧，甚则嗌干面尘，身无膏泽，足外反热"《灵枢·五阅五使》记载："肾病者，颧与颜黑"。指出本病的发生与肾脏功能失调有关。《难经·二十四难》载："手少阴气绝，则脉不通，脉不通，则血不流，血不流，是色泽去，故面黑如黧，此血先死……"是对黄褐斑症状最早的描述。《医宗金鉴·外科心法要诀·面部》对其临床表现描述："此证一名黧黑斑，初起色如尘垢，日久黑似煤形，枯暗不泽，大小不一，小者如粟粒赤豆，大者似莲子、芡实，或长、或斜、或圆，与皮肤相平"。并认为本病"由忧思抑郁，血弱不华，火燥结滞而生于面上，妇女多有之……"指出本病发病与情绪有关，且好发于女性。《诸病源候论·面黑候》记载："面黑皮于者，或脏腑有痰饮，或皮肤受风邪，皆令气血不调，致生黑。"又曰："五脏六腑十二经血，皆上于面，夫血之行具荣表里，人或痰饮渍脏，或腠里受风，致气血不和，或涩或浊，不能荣于皮肤，故变生黑。"认为本病的病因是痰饮渍脏和腠里受风，病机为气血不和，不能荣于皮肤。《外科正宗·女人面生黧黑斑》曰："黧黑斑者，水亏不能制火，血弱不能华肉，以致火燥结成斑黑，色枯不泽，朝服肾气丸以滋化源，早晚以玉容丸洗面斑上，日久渐退。"说明本病是由于气血不足，肾阴虚不能制火，以致火燥结成黑斑。并指出本病治疗周期长。《张氏医通·七窍门下·面》载："面尘脱色，为肝木失荣，人参养荣汤。"认为本病由肝血不足而引起。《医碥·杂症·面》曰："面上黧黑斑，水虚者，女人最多……"进一步指出本病的发生与肾虚有关，且好发于女性。

本病复杂的发病机理和不十分清楚的病因使本病的治疗有一定困难。目前西医治疗多采用外治法，一般采用遮光剂、脱色剂、物理和化学剥脱的方法、激光治疗等抑制黑素合成、去除黑色素、破坏黑素颗粒等，如二氧化肽、对氨基苯甲酸及其酯类、氢醌霜、曲酸、熊果苷、皮质类固醇、维甲酸、10%果酸、分次光热疗法、Q开关激光、YAG激光、CO_2激光等治疗手段，虽然临床上有一定效果，但用久毒副作用较大。系统用药有维生素C、维生素E、谷胱甘肽、止血环酸、托吡酯等。维生素C能将颜色较深的氧化型色素还原为色浅的还原型色素，将多巴醌还原为多巴，抑制黑素的形成。维生素E参与机体多方面的代谢，亦有抗氧化、吸收紫外线的作用。但长期大量服用维生素C可能引起高尿酸血症、痛风性关节炎发作或肾结石，长期大量应用本品后突然停药，有可能出现坏血病症状。止血环酸的化学结构与酪氨酸部分相似，可代替酪氨酸与酶结合，从而减少黑素合成，肾功能不全、有血栓栓塞性疾病史或倾向者禁用。

钟老认为黄褐斑是全身性疾病的一种局部反应，多种原因导致患者本虚标实，肝肾阴虚，气血不足，气郁血瘀，治疗上当重于整体治疗，辨证论治，治病求本。采用疏肝解郁、培补肝肾、行气活血化瘀为本病治疗总则，同时要重视患者年龄病程、宿疾、经带胎产、房事、日晒等导致本病发生、发展和影响预后转归的因素而及时调整治疗思路，并配合针灸、耳穴、面膜等，方可获得良效。目前，中医药治疗本病有较好的临床疗效，与西药相比有独特的优势，处于主导地位而且毒副作用相对较小，皮疹不易复发。

钟老治疗本病多从滋补肝肾、平肝潜阳、疏肝解郁安神、活血化瘀等方面入手，收到很好的临床疗效。患者正值更年期，肾气渐衰，天癸枯竭，冲任衰退，精血不足，阴阳平衡失调，肾阴亏损，阳不潜藏，经脉失于濡养温煦，进而导致机体功能紊乱所致此病。方中知母、黄柏、制何首乌、生地黄、黄芪、黄精、枸杞子、女贞子、菟丝子补益肝肾，益气养阴，配伍柴胡、白芍、合欢皮疏肝柔肝，使肝气顺达，益母草、丹参活血化瘀消斑，方中有补有行，使补而不滞，行而不伤正，诸药配伍紧扣病机，故收良效。

30. 扁平疣

薛某某，女，37 岁，2016 年 11 月 9 日初诊。

刻诊：双颧部扁平淡褐色丘疹 1 年余。1 年多前患者无明显诱因突发扁平皮色丘疹，分布于双颧，皮损数目逐渐增加至十余个，无痒痛等自觉症状。曾在四川大学华西医院、省皮研所诊治，诊断为"扁平疣"，给予阿昔洛韦、聚肌胞、转移因子等治疗，皮损数目仍不断增加，伴轻度瘙痒感，遂来就诊。舌质淡，苔薄白，脉沉细。

诊断：扁平疣

辨证：气虚毒滞证

治法：健脾益气，除湿解毒

方剂：四君子汤加减

药物：黄芪 40 g　　炒白术 12 g　　茯苓 15 g　　苡仁 20 g

　　　浙贝 15 g　　石菖蒲 10 g　　橘络 10 g　　川芎 15 g

　　　菟丝子 15 g　　泡参 20 g　　当归 10 g

　　　　　　　　　　　　　14 剂，每日一剂，水煎取汁 150 mL。

辅助治疗：斯奇康　3 盒　　sig：0.5 mg　qod

二诊：皮损变平，色变浅，舌质淡红，苔薄白，脉沉细。

药物：黄芪 30 g　　炒白术 10 g　　茯苓 10 g　　苡仁 15 g

　　　浙贝母 10 g　　当归 10 g　　川芎 10 g　　橘络 6 g

　　　桔梗 10 g　　泡参 20 g　　石菖蒲 10 g　　菟丝子 20 g

　　　　　　　　　　　　　14 剂，每日一剂，水煎取汁 150 mL。

服药 28 剂后，皮损消失，面色正常。未遗留任何痕迹。

按：本病多由脾失健运，湿浊内蕴，复感外邪，凝聚肌肤所致，多表现为颜面扁平皮色丘疹，略有痒感，数目渐增。舌质淡，苔薄白，脉沉细均属疾病日久不解，气虚毒滞之征。钟老在治疗中以健脾益气，除湿解毒为主。具体方药中，黄芪、泡参、炒白术、茯苓、薏苡仁健脾益气除湿；黄芪、当归养血活血；浙贝母软坚散结；石菖蒲醒肌肤之毛窍；川芎、橘络行气通络；菟丝子补益肝肾。

31. 带状疱疹后遗神经痛

崔某某，男，57岁，2010年11月21日初诊。

刻诊：带状疱疹后局部胁肋疼痛2月。2月前无明显诱因出现右侧上肢、肩部出现带状分布成簇水疱，疼痛剧烈。在温江县医院诊断为"带状疱疹"，给予阿昔洛韦抗病毒、vitB₁营养神经，并给予戴芬等止痛治疗，水疱干涸，但疼痛不减。曾给予干扰素、神经阻滞麻醉等治疗，疼痛不减，夜夜难眠。舌质淡红，苔薄白，脉沉细，口不干，神差懒言，胃纳不佳。

诊断：带状疱疹后遗神经痛

辨证：气虚血滞证

治法：益气行血，通络止痛

方剂：四物汤加减

药物：

黄芪 40 g	当归 20 g	鸡血藤 30 g	川芎 15 g
蜈蚣 1 条	橘络 10 g	熟地 15 g	桑枝 20 g
延胡 12 g	白芍 20 g	乳香 10 g	桔梗 10 g

6剂，每日一剂，水煎取汁150 mL。

辅助治疗：戴芬　75 mg×1盒　　sig：75 mg　p.r.n

伤痛一喷灵1瓶　　　sig：外用

二诊：疼痛稍缓解，能忍受。舌质偏红，苔薄白，脉沉细。

药物：

黄芪 30 g	炒白术 12 g	茯苓 12 g	橘络 10 g
桔梗 10 g	当归 20 g	川芎 15 g	桑枝 10 g
蜈蚣 1 条	延胡 10 g	葛根 15 g	

6剂，每日一剂，水煎取汁150 mL。

服药两周后，皮损干涸结痂，部分已脱落，伴有局部炎症后色素沉着，疼痛完全消失。痊愈。

按：本病多因情志内伤，肝郁气滞，久而化火，肝经火毒外溢肌肤而发。而年老者体虚，常因血虚肝旺，湿热毒盛，气血凝滞，以致初起出现成簇水疱，且疼痛剧烈。久之气虚血滞，水疱收敛，但疼痛剧烈，夜夜难眠，病程迁延。脾气虚弱，则神差懒言，胃纳不佳。舌质淡红，苔薄白，脉沉细均为气虚血滞之征。钟老在治疗中以益气行血、通络止痛为主，方选四物汤加减。其中黄芪、当归益气补血；

当归、川芎、熟地、白芍取四物汤之意，养血活血；鸡血藤、蜈蚣、橘络通络止痛；乳香、延胡索行气止痛；桑枝、桔梗引经。

二诊治疗仍以益气活血、通络止痛为主。组方中黄芪益气；炒白术、茯苓健脾除湿；当归、川芎行气活血；橘络、蜈蚣通络止痛；延胡索行气止痛，葛根解肌止痛；桔梗、桑枝引经。

32. 生殖器疱疹

刘某，男，31岁，2018年7月初诊。

刻诊：生殖器水疱反复发作1年余。1年多前外院诊断为"生殖器疱疹"，期间疱疹反复发作，西医予"阿昔洛韦缓释片""转移因子胶囊"长期口服，但效果欠佳，平均2～3月就会反复发作，患者于钟老门诊就诊。查体见患者阴茎处3～4颗粟粒至黄豆大小红色丘疹，丘疹上可见透明紧张小水疱，自诉感轻微胀痛和烧灼样疼痛。平素大便稀，眠差多梦，舌质淡苔白腻，脉沉细。

诊断：生殖器疱疹

辨证：气虚夹湿证

治法：益气固本，健脾除湿

方剂：玉屏风散加减

药物：黄芪30 g　　炒白术15 g　　防风10 g　　土茯苓20 g

莲子15 g　　薏苡仁20 g　　藿香10 g　　佩兰10 g

柴胡15 g　　板蓝根15 g　　桑葚15 g　　山茱萸15 g

浙贝10 g　　鸡血藤30 g　　合欢皮30 g　　首乌藤30 g

30剂，每日一剂，水煎取汁150 mL。

二诊：疱疹未复发，大便稀溏和睡眠均有改善，舌淡红苔少，脉沉细，遂减莲子、藿香、佩兰，加女贞子、旱莲草、熟地黄增强益气养阴效果，一月后复诊未复发。

按：生殖器疱疹是由单纯疱疹病毒（HSV）引起的性传播疾病，主要是HSV-2型，是常见的性病之一。生殖器疱疹可反复发作，对患者的健康和心理影响较大；还可通过胎盘及产道感染新生儿，导致新生儿先天性感染。近年来该病的发病率呈明显上升趋势。祖国传统医学将该病归属于"热疮""阴疮"等范畴。西医治疗该病以抗病毒为主，但缺乏彻底根治该病的药物和方法，而中医治疗该病效果较佳，往往能防止该病的复发，解决患者的心理焦虑。中医将该病分为以下三型。

①热毒炽盛型：临床症见局部瘙痒、烧灼、刺痛感，阴部集簇性水泡，疱疹大而红，局部肿胀，或皮疹很快破溃形成糜烂或浅表性溃疡，自觉症状较前初发时轻，症状持续1周能自愈，腹股沟淋巴结偶有肿大，或有低热，舌红绛，苔薄黄，脉滑数。

②湿热下注型：临床症见生殖器部位水疱成簇，疼痛明显，周边有红晕，有轻痒或不痒，自觉症状较初发时轻，小便黄赤，口苦、口干，舌红，苔黄腻，脉弦滑。

③正虚邪恋型：疱疹干涸较小或无水泡，无自觉症状，或轻微痒痛，反复发作，自觉平日乏力，眠差多梦易惊，舌质淡胖，苔薄白，舌边齿痕，脉沉细。钟老认为，生殖器疱疹患者是外感湿毒与气阴两虚并存，正邪之间虚实消长交替变化，疾病反复发作，缠绵难愈。治疗上主张"攻补兼施、标本兼顾"，临床上针对复发性生殖器疱疹患者多以玉屏风散加减，既解毒祛邪又扶正固本。

本例患者以玉屏风散为主方，目的在于益气固本，增强患者抵抗力。薏苡仁、藿香、佩兰健脾除湿；土茯苓既可除湿亦可解毒；炒白术、莲子健脾收敛改善大便稀溏症状；柴胡、板蓝根、浙贝母为中药抗病毒要药；佐以桑葚、山茱萸益气养阴补肝肾；鸡血藤养血活血并予湿气以去路；合欢皮、首乌藤安神助眠。全方以扶正驱邪为用药根本，又因脾为后天之本，故益气健脾贯穿治疗始终。

钟老认为该疾病的治疗除中药调理外还应注意预防感冒、加强身体锻炼，避免熬夜以提高机体免疫力，并应忌食辛辣发物。同时对患者进行心理疏导，保持乐观的心态对疾病的预后有很大的帮助。

33. 毛囊炎

焦某，男，29岁，2018年7月初诊。

刻诊：患者自诉头部、颈项部反复发生红色丘疹2年多，2年多前曾口服伊曲康唑胶囊、地红霉素胶囊，外用酮康唑、夫西地酸软膏等常规治疗，病情反复或无效。患者平素工作忙，熬夜频繁，现可见其头部、颈项部可见散在米粒大淡红色，与毛囊一致炎性丘疹，周围色黯，小部分内有黄白色脓液，头部毛发稀疏，诉脱发严重，局部皮损轻微刺痒，伴有便秘。舌胖，苔白腻，舌边可见齿痕，脉沉细。

诊断：毛囊炎

辨证：脾虚湿蕴证

治法：益气健脾除湿

方剂：三皮消痤汤加减

药物：炙黄芪 30 g　　当归 20 g　　川芎 10 g　　皂角刺 15 g

　　　桔梗 10 g　　　白芷 10 g　　白花蛇舌草 30 g　夏枯草 20 g

　　　连翘 15 g　　　赤芍 10 g　　茯苓 15 g　　　炒白术 10 g

　　　熟地黄 10 g　　山茱萸 10 g　制何首乌 30 g

嘱注意休息，忌生冷甜食。

14 剂，每日 1 剂，水煎服。

外用：生黄柏 20 g　　生大黄 20 g　　芒硝 20 g　　马齿苋 20 g

　　　白鲜皮 15 g　　胡黄连 15 g　　千里光 30 g　　野菊花 15 g

7 剂，2 日 1 剂，煎水外洗。

二诊：丘疹色淡红，部分脓成，此前有黄白脓液处消退，余色素沉着，头部毛发稀疏，诉脱发症状有所减轻，刺痒减轻，便秘消失。舌淡，苔黄薄，舌边可见齿痕，脉沉细。内服上方炙黄芪 30 g 改为生黄芪 30 g，炒白术 10 g 改为生白术 10 g，共 14 剂，外用同上。

三诊：丘疹明显减少，头部毛发毛囊根部有白色幼发生出，舌淡红，苔薄白，未见齿痕，脉常。嘱再服 7 剂，调养善后。

按：毛囊炎为金黄色葡萄球菌所引起的红色毛囊丘疹，为毛囊部的急性、亚急性或慢性化脓性或非化脓性炎症。中医记载，生于项后发际部位者称"发际疮"；生于下颌部者称"须疮""燕窝疮"；发于眉间者称"眉恋疮"；发于臀部者称"坐板疮"等。如《医宗金鉴》发际疮记载："此症生项后发际，形如黍豆，顶白肉赤坚硬，痛如锥刺，痒如火燎，破津脓水，亦有浸淫发内者。"又如坐板疮记载"此证一名风疳，生于臀腿之间，形如黍豆，色红作痒，甚则痛延及谷道，势如火燎。"本病好发于头部、项部、臀部、肛周或身体其他部位，且有复发倾向，常多处发生，性质顽固，迁延难愈。本病多因湿热内蕴，外感毒邪，湿热毒邪相交，郁于肌肤而发病；亦或素体虚弱，腠理不密，卫外不固，复感风邪所致。

钟老认为，毛囊炎虽为外邪所致，临床上多以清热解毒为纲。但某些患者素体亏虚，或在经过治疗，如长期熬夜作息没有规律后，体质偏弱，卫气不足，正虚邪恋。一味地驱邪解毒并不能收到良好效果，且攻邪伐正，更会造成病情迁延难愈。在治疗上，应重视攻补兼施，补足气血以鼓邪外出。而毛囊炎的前提是外邪侵犯体表皮肤，且伴有局部刺痒等症状，所以在外用的处方上，仍以清热解毒、除湿止痒为主。

（二）其他杂病

1. 类风湿性关节炎

宋某，女，55 岁，2017 年 7 月 28 日初诊。

主诉：四肢大小关节肿胀疼痛 10 余年，关节畸形 5 余年。

刻诊：10 余年前患者无明显诱因出现四肢的大小关节红肿热痛，遇冷加重，曾在四川省人民医院就诊，类风湿因子、抗"o"及血沉均升高，给予抗风湿药物治疗（具体药物不详），症状时减时重，反复无常，呈加重趋势。5 年多前关节开始变形，以指关节尤为突出，多方求医，见效不著，遂来我院诊治。查体：指趾关节均有不同程度畸形，未见明显红肿，皮温不高，右手中、食、无名指畸形严重，呈屈侧外翻状。舌质淡红，苔白腻，脉沉细。

诊断：中医诊断：痹证（气虚夹湿）

西医诊断：类风湿关节炎

药物：黄芪 40 g   炒白术 12 g   茯苓 12 g   薏苡仁 15 g

当归 15 g   鸡血藤 30 g   乌梢蛇 12 g   蜈蚣 1 条

桑葚子 20 g   熟地 15 g   川芎 15 g   续断 15 g

桑寄生 30 g   枸杞 20 g

6 剂，每日 1 剂，水煎取浓汁 150 mL。

按：《素问·痹论》记载："风寒湿三气杂至，合而为痹"。疾病初起风湿热邪伤及肢节、经络、肌肉而为发病的外在因素。邪气闭塞，气血不通，肌肉、关节受累，经络闭阻，脉络失养，湿热之邪留滞关节，故感关节红肿热痛。患者久病失治，多虚多瘀，累及肝肾，肝主筋，肾主骨，筋骨关节失于濡养，痰瘀闭阻，筋骨受损，故而关节变形；热势不甚，则皮温不高，未见明显红肿；舌质淡红，苔白腻，脉沉细均是气虚夹湿之征。

在治疗上则应以益气健脾除湿为主。钟老选方中以黄芪益气，兼有利水之功；炒白术、茯苓、薏苡仁健脾除湿；当归、鸡血藤、乌梢蛇、蜈蚣、川芎养血活血，通络止痛，搜经络风邪；桑葚子、熟地、枸杞补益肝肾；续断、桑寄生同时兼有壮腰膝、强筋骨之功。

二诊：症状同前，口干，舌质淡红，苔薄白，脉细弦。

辨证：肝肾阴虚证

治法：滋阴润肺，补益肝肾

药物：北沙参 30 g　　麦冬 12 g　　女贞子 20 g　　枸杞 15 g

　　　玉竹 15 g　　　当归 20 g　　鸡血藤 30 g　　丹参 20 g

　　　白芍 15 g　　　白术 12 g　　茯苓 15 g　　　桑枝 30 g

　　　蜈蚣 1 条　　　乌梢蛇 12 g　黄芩 10 g

6 剂，每日 1 剂，水煎取汁 150 mL。

按：患者久病伤阴，故而口干。余症同前，舌质淡红，苔薄白，脉弦均属肝肾阴虚之征。故治疗上应滋阴润肺，补益肝肾。钟老选方中，北沙参、麦冬、玉竹益气养阴；女贞子、枸杞补益肝肾；当归、鸡血藤、丹参养血活血；白芍养阴柔肝，缓急止痛；白术、茯苓健脾除湿；桑枝引经；黄芩清解余热；蜈蚣、乌梢蛇通络止痛，搜经络之风邪。

三诊：关节痛减，双关节功能尚不利。舌质淡红，苔薄腻，脉沉细。

药物：黄芪 40 g　　　白术 12 g　　防风 10 g　　　当归 15 g

　　　鸡血藤 30 g　　熟地 10 g　　菟丝子 20 g　　桑葚子 20 g

　　　蜈蚣 1 条　　　乌梢蛇 12 g　僵蚕 10 g　　　紫荆皮 15 g

　　　仙灵脾 12 g　　桑寄生 30 g

6 剂，每日 1 剂，水煎取汁 150 mL。

按：患者久病仍不复，故而应益气固表。气血不足，经络阻隔，不足以养筋骨，故关节功能尚不利。舌质淡红，苔薄腻，脉沉细均是肝肾不足，筋骨失养之征。钟老运用玉屏风散固表卫，提高机体自身的免疫功能。当归、鸡血藤养血活血；熟地、菟丝子、桑葚子、桑寄生补益肝肾；蜈蚣、乌梢蛇、僵蚕通络止痒，搜经络之风邪，且为血肉有情之品，有一定的补益作用；仙灵脾温通肾阳，寓"善补阴者，必将阳中求之"之意。

四诊：症状大减，舌质淡红，苔薄白，脉沉细。

药物：黄芪 40 g 　　当归 15 g 　　熟地 15 g 　　山茱萸 15 g

　　　鸡血藤 30 g 　菟丝子 20 g 　枸杞子 20 g 　女贞子 20 g

　　　桑葚子 20 g 　制首乌 20 g 　川芎 15 g 　　蜈蚣 1 条

　　　北沙参 30 g

6 剂，每日 1 剂，水煎取汁 150 mL。

按：辨证分析仍然同前，仍属气血两亏，肝肾不足，筋络阻隔之征。钟老续以当归补血汤益气补血。当归、鸡血藤养血活血；熟地、山茱萸、菟丝子、枸杞子、女贞子、桑葚子、制首乌补益肝肾；川芎、蜈蚣行气通络，搜经络之风邪；北沙参益气养阴。

五诊：病情稳定，服有热感。舌质淡红，舌裂纹，苔少，脉沉细。

药物：黄芪 40 g 　　黄精 15 g 　　玉竹 15 g 　　北沙参 30 g

　　　制首乌 20 g 　鸡血藤 30 g 　白芍 15 g 　　蜈蚣 1 条

　　　桑葚子 20 g 　菟丝子 20 g 　枸杞子 15 g 　女贞子 20 g

　　　山茱萸 15 g 　赭实子 15 g

6 剂，每日 1 剂，水煎取浓汁 150 mL。

六诊：大关节（肘膝）有灼热感，行走久后疼痛。舌质淡红，苔薄腻，脉沉细。

药物：黄芪 30 g 　　鸡血藤 30 g 　炒白术 12 g 　茯苓 15 g

　　　苡仁 20 g 　　蜈蚣 1 条 　　乌梢蛇 10 g 　当归 15 g

　　　川芎 15 g 　　炒枣仁 15 g 　夜交藤 30 g 　菟丝子 15 g

　　　桑葚子 15 g

15 剂，每日 1 剂，水煎取浓汁 150 mL。

按：患者久病多虚多瘀，日久化热，虚热燔灼关节，故患者感觉大关节（肘膝）有灼热感。日久气血亏虚，关节失养，经络阻隔，久行则伤筋，故感疼痛。患者舌质淡红，苔薄腻，脉沉细均为肝肾不足，虚热燔灼之征。钟老以黄芪益气；鸡血藤、当归养血活血；炒白术、茯苓、薏苡仁健脾除湿；蜈蚣、乌梢蛇、川芎行气通络，搜经络风邪；菟丝子、桑葚子补益肝肾；炒枣仁、夜交藤养心安神。

七诊：症状大减，无自觉不适感。舌质淡红，苔薄白，脉沉细。

药物：黄芪 40 g   黄精 15 g   熟地 20 g   当归 20 g

          山茱萸 15 g   菟丝子 20 g   桑葚子 20 g   制首乌 20 g

          鸡血藤 30 g   肉桂 10 g   蜈蚣 1 条   橘络 10 g

          细辛 5 g

15 剂，每日 1 剂，水煎取汁 150 mL。

按： 辨证仍属肝肾不足，经络阻隔之征。治疗中仍用钟老验方三黄固本汤加减，益气养阴，补益肝肾。同时选用蜈蚣、橘络通络，搜经络风邪；肉桂引火归元，温补肾阳；细辛温通经脉。

八诊：眼雾、趾指及四肢大关节不适感消失。舌质淡红，苔薄白，脉沉细。

药物：黄芪 30 g   熟地 20 g   枣皮 15 g   当归 12 g

          鸡血藤 30 g   制首乌 20 g   桑葚子 20 g   蜈蚣 1 条

          枸杞 15 g   川芎 15 g   女贞子 20 g   肉桂 10 g

          菟丝子 20 g

12 剂，每日 1 剂，水煎取汁 150 mL。

按： 辨证仍属肝肾不足，经络阻隔之征。守上方加用枸杞、女贞子、川芎增强补益肝肾、行气活血之力。

2. 甲状腺囊肿

祝某某，女，58 岁，2016 年 9 月 4 日初诊。

主诉：颈部包块半年。

刻诊：半年前自觉颈部不适，自行发现颈前正中线两侧各有一个鸽子蛋大小包块，质地柔软，可推移，遂到四川大学华西医院就诊，检查发现为颈部冷脓肿，钼钯照片及同位素碘测定后确诊为"甲状腺囊肿"，服西药（具体药名不详）后包块无明显消退，舌质暗红，有瘀点，苔薄白，脉弦。

查体及实验室检查：颈前正中线两侧下 1/3 处可扪及两处囊性包块，约 2 cm×3 cm，边界清楚，基底无粘连，可推移，无压痛，随吞咽上下移动。

诊断：中医诊断：瘿瘤（痰湿阻络）

         西医诊断：甲状腺囊肿

方剂：化坚二陈汤加减

药物：炒白术 12 g　　玄参 15 g　　薏苡仁 20 g　　浙贝母 15 g

佩兰 12 g　　黄芩 12 g　　僵蚕 10 g　　郁金 12 g

夏枯草 15 g　　丹参 15 g　　陈皮 10 g　　藿香 10 g

川芎 10 g

7 剂，每日 1 剂，水煎取汁 150 mL。

按：有关瘿病的发病原因，总的说来，不外乎正气不足，外邪入侵。由于正气不足，以致外邪乘虚侵入，结聚于经络、脏腑，导致气滞、血瘀、痰凝等病理变化，而逐渐形成瘿病，说明了正气不足是形成瘿病的内在依据。由于忧思郁怒，湿痰凝结而成。肝为刚脏，主宰谋虑，性喜条达，肝旺气滞内结，肝旺侮脾土，脾失健运，饮食入胃，不能化生津微，形成湿痰内蕴。颈前乃任脉所主，亦属督脉之分支，而任督之脉皆系于肝肾。因气郁湿痰内生，随经络而行，留驻于结喉，气血为之凝滞，聚而成形，乃成瘿瘤。舌质暗红，有瘀点，苔薄白，脉弦，均为痰湿阻络之征。

钟老在治疗过程中以除湿通络，化痰散结为主，方选化坚二陈汤加减。其中玄参、浙贝母、郁金、夏枯草软坚散结；炒白术、薏苡仁健脾除湿；佩兰、藿香、陈皮芳香化湿；黄芩清热解毒；要除湿必活血，故选川芎、丹参。

二诊：颈部囊肿包块明显缩小，约 0.5 cm×1 cm，服药后胃脘不适，不思饮食，腹部隐痛，咽中痒感，神疲乏力，舌质暗红，苔薄腻，脉弦。

药物：炒白术 12 g　　茯苓 15 g　　薏苡仁 15 g　　浙贝母 15 g

僵蚕 10 g　　桔梗 10 g　　郁金 12 g　　川芎 10 g

佩兰 12 g　　藿香 10 g　　鸡内金 12 g　　建曲 15 g

炒谷芽 30 g　　橘络 10 g

7 剂，每日 1 剂，水煎取汁 150 mL。

按：患者服药后包块缩小，但胃脘不适，不思饮食，腹部隐痛，故应加重健脾除湿药的力量。基本治则及方药分析同前。

三诊：颈部包块基本消失，仅可扪及一胡豆大小囊肿，包块可推移，无压痛，随吞咽上下移动。舌质暗红，苔薄黄，脉细弦。自述大便干燥，口苦，五更胃脘不适，胃中烧灼感（有怀疑溃疡史 10 余年）

药物：柴胡 12 g　　黄芩 12 g　　炒白术 12 g　　茯苓 15 g

车前仁 15 g   薏苡仁 20 g   瓜壳 10 g   郁金 12 g

鸡内金 12 g   佩兰 10 g   厚朴 10 g   藿梗 10 g

僵蚕 10 g   浙贝 15 g

7 剂，每日 1 剂，水煎取汁 150 mL。

按：患者颈部包块基本消失，但患者久郁化火，肝胆火甚，故其大便干燥，口苦，五更胃脘不适，胃中烧灼感。舌质暗红，苔薄黄，脉细弦均为肝胆火甚之征。

钟老在治疗中以清热泻火，疏肝利胆为主。其中柴胡、黄芩清肝胆之热；炒白术、茯苓、薏苡仁、鸡内金健脾除湿；车前仁清热利湿；郁金、瓜壳行气解郁；藿梗、佩兰、厚朴芳香化湿；僵蚕引经。

四诊：甲状腺肿块已消失，眼雾，干涩，大便干燥，咽部吞咽有痛感，舌质暗红，苔薄腻，脉沉细。

药物：黄芪 30 g   玄参 12 g   麦冬 12 g   桔梗 10 g

橘络 10 g   僵蚕 10 g   菟丝子 20 g   枸杞 15 g

火麻仁 20 g   石斛 12 g   茯苓 12 g   薏苡仁 15 g

浙贝母 15 g   赭实子 15 g   知母 10 g   炒白术 12 g

6 剂，每日 1 剂，水煎取汁 150 mL。

按：治疗后期，患者甲状腺肿块已经消失。久病多虚多瘀，患者气阴两虚，故觉眼雾、干涩、大便干燥，咽部吞咽有痛感。舌质暗红，苔薄腻，脉沉细均为气虚血瘀之征。

钟老在治疗过程中多以益气养阴为主。其中黄芪益气；玄参、麦冬、石斛、知母、桔梗、橘络利咽生津；玄参、浙贝母、僵蚕软坚散结；菟丝子、枸杞子滋补肾阴；火麻仁、赭实子润肠通便；茯苓、薏苡仁、炒白术健脾除湿。

3. 乳腺纤维瘤

张某，女，35 岁，2013 年 6 月 5 日初诊。

主诉：左侧乳房包块 1 年余。

刻诊：1 年多前无意间发现左侧乳房包块，有轻微压痛，曾在四川省人民医院"钼钯照片"检查，确诊为乳腺纤维瘤，给予逍遥丸和小柴胡片治疗，无明显好转。近日自觉包块长大，遂来就诊。体格检查：左乳房外下象限有两个约

1 cm×2 cm 大小包块，边界清楚，与皮下组织无粘连，可推移，压痛，与月经无明显相关性。舌质淡红，有瘀点，苔薄白，脉弦。

诊断：中医诊断：乳癖

西医诊断：乳腺纤维瘤

辨证：气滞血瘀证

治法：行气活血，通络散结

药物：黄芪 30 g   当归 20 g   川芎 15 g   菟丝子 20 g

橘络 10 g   丝瓜络 10 g   夜交藤 15 g   甲珠 10 g

桔梗 10 g   牡蛎 20 g   郁金 12 g   鳖甲 15 g

6 剂，每日 1 剂，水煎取汁 150 mL。

辅助治疗：小金丹丸   1 盒   0.3 g bid

按：本病多因情志内伤，肝郁痰凝，痰瘀互结乳房所致。多为乳房包块，有轻微压痛，可长大，边界清楚，与皮下组织无粘连，可推移，压痛。舌质淡红、有瘀点，苔薄白，脉弦均为气滞血瘀之征。

钟老在治疗时多以行气活血，通络散结为主。组方中黄芪、当归、川芎、郁金益气养血，活血行气，气行则血行；橘络、丝瓜络、夜交藤通络散结；甲珠、鳖甲、桔梗、牡蛎软坚散结。佐以小金丹丸化痰除湿，祛瘀通络。

二诊：病情稳定，无任何自觉不适，乳房包块局限无特异发现，舌质淡红，苔薄白，脉沉细。

药物：黄芪 40 g   黄精 15 g   当归 20 g   川芎 15 g

菟丝子 20 g   桑葚子 20 g   鳖甲 10 g   鹿角霜 15 g

甲珠 10 g   橘络 10 g   桔梗 10 g   升麻 10 g

6 剂，每日 1 剂，水煎取汁 150 mL。

辅助治疗：小金丹丸   2 盒   0.3 g bid

按：久病多虚多瘀。故在治疗中应益气养阴，活血行气，通络散结。具体方药分析参前。

三诊：乳房肿块缩小，变平，活动，舌质淡红，苔薄白，脉沉细。

药物：黄芪 30 g   当归 20 g   川芎 15 g   甲珠 10 g

鳖甲 10 g   橘络 10 g   鹿角霜 15 g   丝瓜络 10 g

　桔梗 10 g　　　　菟丝子 20 g　　　白芥子 10 g

　　　　　　　　　　　　6 剂，每日 1 剂，水煎取汁 150 mL。

辅助治疗：小金丹丸　1 盒　　0.3 g bid

四诊：证同前，舌质红，苔少，脉沉细。

药物：黄芪 30 g　　　黄精 15 g　　　北沙参 30 g　　女贞子 20 g

　　　枸杞 15 g　　　当归 20 g　　　川芎 15 g　　　鳖甲 5 g

　　　菟丝子 20 g　　桑葚子 20 g　　橘络 10 g　　　制首乌 20 g

　　　　　　　　　　　　6 剂，每日 1 剂，水煎取汁 150 mL。

辅助治疗：小金丹丸　2 盒　　0.3 g bid

五诊：左乳房上方有一硬块，活动尚光滑，舌质淡红，苔薄白，脉沉细。

药物：黄芪 50 g　　　黄精 15 g　　　北沙参 20 g　　女贞子 20 g

　　　枸杞 15 g　　　鳖甲 15 g　　　白及 12 g　　　桔梗 10 g

　　　橘络 10 g　　　丝瓜络 10 g　　牡蛎 20 g　　　川芎 15 g

　　　　　　　　　　　　7 剂，每日 1 剂，水煎取汁 150 mL。

辅助治疗：小金丹丸　1 盒　　0.3 g bid

六诊：证同前。舌质淡红，苔薄白，脉沉细。

药物：黄芪 50 g　　　黄精 15 g　　　熟地 15 g　　　枣皮 15 g

　　　当归 20 g　　　川芎 15 g　　　菟丝子 20 g　　橘络 10 g

　　　鳖甲 10 g　　　鹿角霜 15 g　　桑葚子 15 g　　枳壳 10 g

　　　　　　　　　　　　7 剂，每日 1 剂，水煎取汁 150 mL。

辅助治疗：小金丹丸　2 盒　　0.3 g bid

七诊：左乳房纤维瘤。舌质红，苔薄白，脉沉细。

药物：黄芪 30 g　　　黄精 15 g　　　枣皮 15 g　　　当归 15 g

　　　川芎 15 g　　　鳖甲 10 g　　　橘络 10 g　　　女贞子 20 g

　　　菟丝子 15 g　　鹿角霜 15 g　　白及 10 g　　　桔梗 10 g

　　　　　　　　　　　　14 剂，每日 1 剂，水煎取汁 150 mL。

辅助治疗：　小金丹丸　4 盒　　0.3 g bid

八诊：病情稳定，舌质偏红，苔少，脉弦。

药物：玄参 20 g　　牡蛎 20 g　　丹参 15 g　　郁金 12 g

夏枯草 30 g　　鳖甲 10 g　　甲珠 5 g　　女贞子 20 g

枸杞 15 g　　橘络 10 g　　川芎 15 g

14 剂，每日 1 剂，水煎取汁 150 mL。

按：患者此次虽然仍以阴虚为主，但邪热偏盛。钟老治疗仍以活血通络，软坚散结为主，方选消瘰丸加减。其中玄参、牡蛎取消瘰丸之意，软坚散结；配伍夏枯草、鳖甲、甲珠加强散结力量；女贞子、枸杞子补益肝肾；郁金、川芎、橘络活血行气，通络散结。

九诊：左乳房纤维瘤服药后逐渐减小，舌质偏红，苔少，脉细弦。

药物：玄参 15 g　　牡蛎 20 g　　白芍 15 g　　女贞子 15 g

枸杞 15 g　　橘络 10 g　　鳖甲 10 g　　甲珠 10 g

桑葚子 15 g　　制首乌 20 g　　鹿角霜 15 g　　川芎 15 g

14 剂，每日 1 剂，水煎取汁 150 mL。

辅助治疗：小金丹丸　2 盒　　0.3 g　bid

按：患者在治疗过程中始终以阴虚为主。故此次仍养阴益肾，软坚散结为主。组方中玄参、牡蛎、鳖甲、甲珠软坚散结；女贞子、枸杞子、桑葚子、制首乌、鹿角霜养阴益肾；白芍养阴柔肝，橘络、川芎活血行气，通络散结。

十诊：包块稍有缩小，舌质淡红，苔薄白，脉沉细。

药物：黄芪 30 g　　熟地 20 g　　当归 10 g　　川芎 15 g

菟丝子 20 g　　橘络 10 g　　白芥子 10 g　　鹿角胶 20 g

桔梗 10 g　　丝瓜络 10 g　　鳖甲 10 g　　浙贝 15 g

京半夏 12 g

7 剂，每日 1 剂，水煎取汁 150 mL。

辅助治疗：小金丹丸　2 盒　　0.3 g　bid

按：久病多虚多瘀，此次治疗以益气养阴，通络散结为主。具体方药分析参前。

十一诊：乳房包块继续缩小，舌质淡红，苔薄白，脉弦。

药物：丹参 15 g　　白芍 15 g　　川芎 15 g　　橘络 10 g

丝瓜络 10 g　　甲珠 10 g　　三棱 10 g　　枸杞 15 g

女贞子 20 g　　生地 15 g　　莪术 10 g　　桔梗 10 g

14 剂，每日 1 剂，水煎取汁 150 mL。

辅助治疗：小金丹丸　2 盒　　0.3 g　bid

按：此次证属实证，治疗应以活血化瘀，通络散结为主。其中丹参、川芎养血活血行气化瘀；甲珠软坚散结；三棱、莪术破血消癥；橘络、丝瓜络通络散结；枸杞子、女贞子补益肝肾。

十二诊：左乳房肿块缩小，晨起胸部出汗，眠差，舌质淡红，苔薄白，脉沉细。

药物：黄芪 30 g　　黄精 15 g　　熟地 15 g　　山茱萸 15 g

女贞子 20 g　　桑葚子 15 g　　炒枣仁 15 g　　鳖甲 10 g

鹿角霜 15 g　　橘络 10 g　　柏子仁 15 g　　菟丝子 20 g

14 剂，每日 1 剂，水煎取汁 150 mL。

辅助治疗：小金丹丸　3 盒　　0.3 g　bid

按：久病气阴两虚，治疗当益气养阴，佐以散结。方药分析参前。

十三诊：症状继续减轻，胸部汗出，眠差，舌质淡红，苔薄白，脉沉细。

方药：黄芪 30 g　　黄精 15 g　　熟地 15 g　　菟丝子 20 g

山茱萸 15 g　　当归 15 g　　鳖甲 10 g　　橘络 10 g

石菖蒲 10 g　　炒枣仁 15 g　　夜交藤 15 g

14 剂，每日 1 剂，水煎取汁 150 mL。

辅助治疗：小金丹丸　2 盒　　0.3 g　bid

服药后，体检未扪及乳房包块。

二、常用经验方

（一）三皮消痤汤

药物组成：桑白皮、地骨皮、牡丹皮、白花蛇舌草、连翘、夏枯草、皂角刺、桔梗。

功效：清热解毒，通腑散结。

适应症：痤疮、毛囊炎等。

方义分析：本方以桑白皮、地骨皮、牡丹皮"三皮"共为君药。桑白皮性寒入肺经，能泻肺火，清降肺气，《本草纲目》曰："肺中有水气及肺火有余者宜之。"地骨皮清肺降火，凉血退蒸，《汤液本草》曰"泻肾火，降肺中伏火，去胞中火，退热，补正气。"牡丹皮苦、辛，微寒，功擅清热凉血，活血散瘀，《本草纲目》曰："治血中伏火，除烦热。"

白花蛇舌草、连翘清热解毒，夏枯草清热泻火，消痈散结，共为臣药。白花蛇舌草味苦甘，性凉，《泉州本草》云："清热散瘀，消痈解毒。治痈疽疮疡，瘰疬。又能清肺火，泻肺热。治肺热喘促、嗽逆胸闷。"连翘味苦，微寒，归肺、心、胆经，《珍珠囊》曰："连翘之用有三：泻心经客热，一也；去上焦诸热，二也；为疮家圣药，三也。" 夏枯草苦、辛，寒，《本草求真》云："夏枯草，辛苦微寒。按书所论治功，多言散结解热，能愈一切瘰疬湿痹，目珠夜痛等症，似得以寒清热之义矣。何书又言气禀纯阳，及补肝血，得毋自相矛盾乎？讵知气虽寒而味则辛，凡结得辛则散，其气虽寒犹温，故云能以补血也。是以一切热郁肝经等证，得此治无不效，以其得藉解散之功耳。若属内火，治不宜用。"

皂角刺消肿排脓为佐药，《本草衍义补遗》曰："治痈疽已溃，能引至溃处。"桔梗为使药，诸药之舟楫，其性升散，宣开肺气，载诸药上行，药至病所。正如《本草求真》曰："桔梗系开肺气之药，可为诸药舟楫，载之上浮，能引苦泄峻下剂。"

案例 1

贾某，女，21 岁，2010 年 10 月 3 日初诊。

主诉：颜面部红色丘疹半年。

刻诊：颜面部散在丘疹，皮损为丘疹色红或痒痛，伴有口干、尿黄，舌质红，苔薄黄，脉弦数。

诊断：中医诊断：肺风粉刺

　　　　西医诊断：痤疮

辨证：肺经风热证

治法：清泻肺热，疏风止痒

方剂：三皮消痤汤加减

药物：桑白皮 12 g　　　　地骨皮 12 g　　　牡丹皮 12 g　　　连翘 15 g

白花蛇舌草 20 g　　　夏枯草 20 g　　　桔梗 10 g　　　皂角刺 15 g

白茅根 30 g　　　　　黄芩 15 g

7 剂，每日 1 剂，水煎服。

二诊：服上方 7 剂后，丘疹大部分消退，留有少许淡红色痘印。前方加丹参 30g，继服 5 剂后皮损完全消退。

按：钟老认为寻常性痤疮病因主要是热、湿、瘀，病位涉及肺、脾、胃、大肠等脏腑，故在选方用药时多以清泻肺热、清热凉血解毒、泻肺通腑、健脾化痰、解毒散结、化痰散结和活血化瘀为主，对久病正虚邪实之人给予扶正祛邪、益气养阴托毒。三皮消痤汤中桑白皮性寒入肺经，能泻肺火；地骨皮性甘寒，善清泄肺热，除肺中伏火，则清肃之令自行，二者合用则清泻肺火之力倍增，故为君药。丹皮、连翘、白花蛇舌草能清热凉血解毒，夏枯草能清肝火、散郁结，共为臣药。桔梗辛散苦泄，宣开肺气，祛痰利气，同时还能通便；皂刺能消肿排脓，化痰散结而共为佐药。通观全方，不仅泻肺通腑、清热利湿、凉血解毒化瘀，还能化痰散结，紧紧围绕痤疮的三大病因热、湿、瘀，达到治本的目的，从而治愈该病或延长该病复发的时间。后期加入丹参凉血活血，淡化痘印。

案例 2

陈某，女，25 岁，2016 年 4 月 21 日初诊。

刻诊：面部丘疹、粉刺、脓疱，皮肤偏油腻，大便干燥，偶有眠差，爱熬夜，舌质红，苔薄，脉弦。

诊断：中医诊断：肺风粉刺

　　　　西医诊断：痤疮

辨证：肺经血热，热毒壅肺证

治法：清热凉血，泻肺消癥

方剂：三皮消痤汤加减

药物：桑白皮 15 g　　　地骨皮 15 g　　　桔梗 10 g　　　连翘 15 g

丹参 20 g　　　　　川芎 10 g　　　　夏枯草 30 g　　　皂角刺 15 g

白花蛇舌草 30 g　　熟大黄 10 g　　　郁金 10 g

14 剂，每日 1 剂，水煎服。

按：肺主皮毛，肺经血热壅滞而见面部丘疹粉刺；皮肤偏油，热盛则生疖化脓故见面部脓疱丘疹；肺与大肠相表里，热盛则耗伤津液而见大便干燥；肺经血热壅滞扰心神可见眠差。舌质红，脉弦为热之征。

三皮消痤汤方中加大黄以通利大便，去牡丹皮而用郁金，起清心解郁凉血安神之效。

二诊：大便干燥好转，丘疹、脓疱有所减少，偶有新发，舌质偏红，苔薄白，脉弦。前方有效，守方不变，去大黄、郁金，加白茅根以增强清热凉血之效，加女贞子以防苦寒伤阴，同时无恋邪之弊。

药物：桑白皮 15 g　　地骨皮 15 g　　牡丹皮 10 g　　连翘 15 g
　　　　桔梗 10 g　　　丹参 15 g　　　夏枯草 30 g　　赤芍 10 g
　　　　皂角刺 15 g　　白花蛇舌草 30 g　川芎 10 g　　白茅根 10 g
　　　　女贞子 10 g

7 剂，每日 1 剂，水煎服。

三诊：伴瘙痒，月经来时皮损增多，舌质红，苔薄，脉弦。考虑本病月经周期可影响其发生，治疗方向不变，去丹参、夏枯草、赤芍，加苦杏仁、黄芩以增强清肺热之功。

药物：桑白皮 15 g　　地骨皮 15 g　　牡丹皮 10 g　　桔梗 10 g
　　　　连翘 15 g　　　杏仁 10 g　　　黄芩 15 g　　　皂角刺 15 g
　　　　白花蛇舌草 30 g　白茅根 10 g　　川芎 10 g

7 剂，每日 1 剂，水煎服。

四诊：丘疹粉刺减少，皮肤油腻明显好转，舌质淡红，苔白，脉弦。诸症缓解而见舌苔变白，考虑为苦寒之力伤阳气而生湿，故减凉血之牡丹皮、白茅根，加炒白术、茯苓、薏苡仁以健脾除湿防寒凉伤脾。

药物：桑白皮 10 g　　地骨皮 10 g　　炒白术 15 g　茯苓 15 g
　　　　薏苡仁 15 g　　桔梗 10 g　　　连翘 15 g　　皂角刺 15 g
　　　　白花蛇舌草 30 g　黄芩 10 g　　川芎 10 g　　丹参 15 g

14 剂，每日 1 剂，水煎服。

五诊：面部粉刺和脓疱消失，色素沉着较多，皮肤偏油，偶有新发，舌质淡红，苔薄白，脉弦，仍以三皮消痤汤加减治疗以巩固疗效而收工。

药物：桑白皮 10 g 地骨皮 10 g 牡丹皮 10 g 桔梗 10 g

连翘 15 g 丹参 15 g 夏枯草 30 g 白茅根 10 g

白花蛇舌草 30 g 皂角刺 15 g 茯苓 10 g 川芎 10 g

7 剂，两日 1 剂，水煎服。

案例 3

叶某某，女，31 岁，2016 年 6 月 6 日初诊。

刻诊：面部痤疮粉刺，少许脓疱，颜面 T 区偏油，舌质偏红，苔薄白，脉弦。

诊断：中医诊断：肺风粉刺

西医诊断：痤疮

辨证：肺热壅盛夹湿证

治法：清热凉血，泻肺除湿

方剂：三皮消痤汤加减

本案依据其表现为肺经血热，热毒壅盛证，但考虑舌质偏红，苔薄白为湿热为主，有偏湿之意，故三皮消痤汤中去凉血之牡丹皮，加白术、陈皮以防苦寒伤中湿更重，加白茅根以清热利水，替湿邪找出路，以为立方之旨。

药物：桑白皮 10 g 地骨皮 10 g 白术 10 g 陈皮 10 g

桔梗 10 g 丹参 10 g 川芎 10 g 皂角刺 10 g

白花蛇舌草 30 g 白茅根 10 g 连翘 15 g

7 剂，每日 1 剂，水煎服。

二诊：皮损好转，有新发，舌质红，苔少，脉弦，考虑湿邪已不显，采用三皮消痤汤原方加白茅根、川芎增强清热凉血散瘀之功。

药物：桑白皮 15 g 地骨皮 15 g 牡丹皮 10 g 丹参 20 g

连翘 15 g 郁金 10 g 夏枯草 30 g 皂角刺 15 g

白茅根 10 g 白花蛇舌草 30 g 桔梗 10 g 川芎 10 g

7 剂，每日 1 剂，水煎服。

三诊：面部粉刺、脓疱明显减少，有新发，伴全身过敏性皮炎，舌质红，苔少，脉弦，考虑患者新添过敏性皮炎，以先控制过敏为主，方选三皮止痒汤加减，三皮止痒亦清肺热而凉血燥，同时针对风湿热蕴于肌肤之表有良好治疗作用，钟老指出在本方中加入生地黄、女贞子、墨旱莲针对热邪伤阴或防热伤阴，同时养阴有涵热之意。

药物：桑白皮 15 g　　地骨皮 15 g　　牡丹皮 10 g　　生地 20 g
　　　　僵蚕 10 g　　　刺蒺藜 15 g　　紫荆皮 10 g　　桔梗 10 g
　　　　白花蛇舌草 30 g　女贞子 10 g　　墨旱莲 15 g　　皂角刺 10 g
　　　　白茅根 10 g

7 剂，每日 1 剂，水煎服。

四诊：全身皮疹消失，无瘙痒，少许色素沉着，面部丘疹粉刺明显减少，无脓疱，偶有新发，T 区偏油明显好转，伴口干，舌质红，苔薄白，脉弦。仍以三皮消痤汤加白茅根以增强清热凉血之功，巩固疗效。

药物：桑白皮 15 g　　地骨皮 15 g　　牡丹皮 10 g　　黄芩 15 g
　　　　连翘 15 g　　　桔梗 10 g　　　丹参 20 g　　　夏枯草 30 g
　　　　皂角刺 15 g　　白花蛇舌草 30 g　白茅根 10 g

14 剂，每日 1 剂，水煎服。

（二）三皮止痒汤

药物组成：桑白皮、地骨皮、牡丹皮、生地黄、蝉蜕、地肤子、土茯苓、白茅根。

功效：调和营卫、清热泻肺，疏风止痒。

适应症：各种变态反应性皮肤病。

方义分析：方中桑白皮、地骨皮、牡丹皮"三皮"为君药。桑白皮泻肺平喘、利水消肿，主治肺热喘痰、水饮停肺、脚气等；地骨皮退虚热，清肺火，凉血，主治肺热咳喘、痈肿、恶疮等。地骨皮虽为枸杞的根皮，但无枸杞之滋养滋腻之性，属清泄凉降之品。《本草纲目》："桑白皮，长于利小水，乃实则泻其子也，故肺中有水气及肺火有余者，宜之。"《汤液本草》："地骨皮，泻肾火，降肺中伏火，去胞中火……"宋·钱乙名方泻白散主治小儿肺气热盛，面肿身热，方中桑白皮、地骨皮为要药，钟老也取其二药用于治疗湿疹，为清泄肺热之主药。

牡丹皮清热凉血，活血化瘀，主治温热病热入血分、发斑、痈肿疮毒等。《神农本草经》："主寒热，……疗痈疮。"其凉血又活血化瘀，使血得凉而不致瘀，又"津血同源"，使血得凉而减少渗出。故三药共为君药，既清泄肺热，又凉血、活血化瘀，为清泄凉降之精妙搭配；因肺合皮毛，故治皮则须治肺，治肺便可治皮，体现了钟老"肺皮同治"的理论；三药均以皮字打头，能走皮肤，治皮疾，又高度体现了钟老"以皮治皮"的思想。

生地黄、蝉蜕、地肤子共为臣药。生地黄味甘、苦，性寒，归心、肝、胃、肾经，清热凉血、止血、养阴，主治急性热病、斑疹、口舌生疮、痈肿等。一方面其归于心经，具有清热作用，如导赤散中用之。根据五行学说，火克金，心火过旺伐伤肺津，欲使肺津不受伐，便先清泄心火。另一方面，生地黄能养阴清热，为清中之润药，正如《本经逢原》："干地黄，内专凉血滋阴，外润皮肤荣泽……用此于清热药中，以其有润燥之功，而无滋润之患也。"故在大队清热药中，用一味清养之品，能防清热太过伤及阴津，而又无滋腻之性。蝉蜕为疏散风热之要药，味甘，性寒，归肺、肝经，主治风热感冒，风疹瘙痒，破伤风等。《本草纲目》："治头风眩晕，皮肤风热，痘疹作痒……"地肤子清热利湿，祛风止痒，主治小便不利，风疹，疮毒，阴部湿痒等。《名医别录》："去皮肤中热气，散恶疮……"蝉蜕、地肤子均主治风疹瘙痒，故为本方中祛风止痒之要药。地肤子归肾、膀胱经，清热利湿，故能使湿热从小便而去，正如《神农本草经》云："主膀胱热，利小便。"三药共为臣药，既辅助君药发挥清热利湿作用而又不伤阴液，同时体现了疏风止痒、清热止痒、燥湿止痒三大止痒法则。

土茯苓为佐药，其能清热解毒，利湿，主治痈肿疮毒，湿疹瘙痒。《本草正义》"土茯苓，利湿去热，能入络，搜剔湿热之蕴毒。"既佐助君药、臣药发挥清热利湿作用，又能入络搜剔湿热之蕴毒。

白茅根为使药，归肺、胃、膀胱经，凉血止血，清肺胃热，清热利尿。《本草正义》："白茅根，寒凉而味甚甘，能清血分之热，而不伤干燥，又不粘腻，故凉血而不虑其积瘀。"白茅根清热针对于本病热邪为患，津血同源，凉血止血便可以减少渗出。

案例 1

冯某某，女，21 岁，2015 年 5 月 29 日初诊。

主诉：双手足掌对称性红斑、脱屑、瘙痒 2 年。

刻诊：2 年前无明显诱因右手掌出现小丘疹、水疱、瘙痒，未予以重视，逐渐对侧手掌心出现类似皮损，半年后足掌心对称出现红斑、丘疱疹，脱屑、瘙痒，曾服开瑞坦治疗，症状可缓解，夏重冬轻，否认足癣史。近三月病情加重，皮损融合成片，皮肤增厚，瘙痒剧烈。遂来我科就诊。舌质淡红，苔薄白，脉细弦。

诊断：中医诊断：湿疮

　　　　西医诊断：慢性湿疹

辨证：肺热壅滞证

治法：清热泻肺，养血润燥

方剂：三皮止痒汤加减

药物：桑白皮 12 g　　　地骨皮 12 g　　　牡丹皮 12 g　　　黄柏 12 g

　　　土茯苓 20 g　　　白鲜皮 15 g　　　丹参 15 g　　　紫荆皮 15 g

　　　鸡血藤 20 g　　　川芎 12 g　　　车前仁 15 g　　　黄芪 20 g

　　　生地 10 g

　　　　　　　　　　　　　　　　　6 剂，每日 1 剂，水煎取浓汁 150 mL。

外洗方：何首乌 20 g　　　当归 20 g　　　白芷 15 g　　　地骨皮 15 g

　　　　红花 15 g　　　地肤子 15 g　　　百部 15 g　　　乌梅 12 g

　　　　　　　　　　　　　　　　　　　3 剂，煎水外泡。

按：本病总因禀赋不耐，风、湿、热阻于肌肤所致。或因饮食不节，过食辛辣鱼腥动风之品；或嗜酒，伤及脾胃，脾失健运，致湿热内生又外感风湿热邪，内外之邪，两相搏结，浸淫肌肤发为本病。故 2 年前可见两手掌对称性小丘疹、水疱，风湿热邪均可作痒。日久失治，半年后病势发展，可见两手足掌心对称出现红斑、丘疱疹，脱屑瘙痒。久病多虚多瘀，两年后湿热蕴集日久，耗伤阴血，化燥生风而致血虚风燥，肌肤甲错，皮损融合成片，皮肤增厚，瘙痒剧烈。舌质淡红，苔薄白，脉细弦均为肺热壅滞之征。

钟老在治疗过程中以清热泻肺、养血润燥止痒为主，方选三皮止痒汤加减。

其中桑白皮、地骨皮、丹皮泻肺之热；黄柏清热解毒，引火归源；土茯苓、车前仁清热解毒利湿；白鲜皮除湿止痒，紫荆皮凉血止痒；丹参、鸡血藤、川芎、黄芪益气养血活血；生地清热解毒养阴。

二诊：足部皮损明显干燥脱屑，瘙痒，口干，舌质淡红，苔薄白，脉弦。

药物：桑白皮 12 g　　地骨皮 12 g　　牡丹皮 12 g　　生地 20 g

　　　僵蚕 10 g　　　紫荆皮 15 g　　刺蒺藜 15 g　　白茅根 20 g

　　　栀子 10 g　　　知母 10 g　　　女贞子 20 g

6 剂，每日 1 剂，水煎取浓汁 150 mL。

外用方：何首乌 15 g　　当归 15 g　　白芷 15 g　　枯矾 10 g

　　　　芒硝 15 g　　　乌梅 12 g　　百部 15 g　　蛇床子 15 g

　　　　黄柏 12 g

3 剂，煎水外泡。

按：患者服用上方后，皮损明显好转。基本辨证及方药同前，仍选用三皮止痒汤加减。但因患者出现明显的干燥脱屑，口干，故加用知母、女贞子养阴益肾。同时选用中药处方外泡，以养血润燥止痒为主。

三诊：手、足掌心皮损明显好转，瘙痒大减，下肢胫前出现肿胀红斑，口苦，舌质红，苔薄白，脉弦。

药物：桑白皮 12 g　　地骨皮 12 g　　牡丹皮 12 g　　生地 15 g

　　　女贞子 20 g　　白芍 15 g　　　僵蚕 10 g　　　紫荆皮 15 g

　　　刺蒺藜 15 g　　白茅根 20 g　　栀子 10 g　　　黄芩 12 g

6 剂，每日 1 剂，水煎取浓汁 150 mL。

辅助治疗：去炎松尿素霜　5 支　外用

外用方：何首乌 30 g　　当归 20 g　　白芷 15 g　　红花 15 g

　　　　地骨皮 10 g　　乌梅 15 g　　大黄 15 g　　蛇床子 15 g

3 剂，煎水外泡。

四诊：皮损全部消退，瘙痒偶有发生，以夜间尤重，口干，舌质淡红，苔薄白，脉沉细。

药物：黄芪 30 g　　　白术 12 g　　　防风 10 g　　　制首乌 20 g

生地 15 g	僵蚕 10 g	女贞子 15 g	紫荆皮 15 g
桑葚子 15 g	鸡血藤 30 g	枸杞 15 g	麦冬 12 g

5 剂，每日 1 剂，水煎取浓汁 150 mL。

外用方：何首乌 20 g　　当归 20 g　　白芷 15 g　　地肤子 15 g

蛇床子 15 g　　百部 15 g　　乌梅 15 g　　红花 15 g

地骨皮 15 g　　桂枝 10 g

3 剂，煎水外泡。

辅助治疗：派瑞松（曲安奈德益康唑乳膏）　1 支　外用

按： 久病多虚多瘀，伤及气阴。后期皮损消退后，血虚生风，仅存瘙痒，夜间尤重。口干，舌质淡红，苔薄白，脉沉细均为气虚卫外不固，血虚生风之征。钟老在内治过程中则以益气固表、养血息风，方选玉屏风散加减。其中黄芪、白术、防风为玉屏风散全方，益气固表；制首乌、生地、女贞子、桑葚子、枸杞子、麦冬养阴益肾；僵蚕疏风止痒；紫荆皮凉血止痒；鸡血藤养血活血。在外治上则以养血润肤止痒为主。

案例 2

刘某，女，10 岁，2016 年 4 月 11 日初诊。

主诉：反复全身泛发多形性皮疹 8 年余。

刻诊：患儿 2 岁时无明显原因双下肢对称分布红斑、丘疹。其上有水疱，瘙痒，曾在当地多方医治，诊断为"湿疹"，具体治疗不详。后逐渐加重，不伴哮喘，泛发全身，曾在绵阳中医院、绵阳中心医院治疗，给予扑尔敏口服、中药内服（具体方药不详），病情时有反复，冬重夏轻。遂来我院就诊。既往史无特殊记载。有鱼虾过敏史，否认药物过敏史。

体格检查：一般情况良好，全身泛发多形性皮损，红斑丘疹、水疱、糜烂、渗液、结痂，可见明显抓痕和苔藓样变。胃纳不佳，口干，舌质红，有裂纹，苔少，脉弦。

诊断：中医诊断：湿疮

西医诊断：特应性皮炎

辨证：阴虚血燥证

治法：滋阴养血润燥

方剂：三皮止痒汤加减

药物：桑白皮 15 g　　地骨皮 15 g　　牡丹皮 15 g　　紫草 10 g

　　　五味子 10 g　　生地 12 g　　　僵蚕 10 g　　　白芍 20 g

　　　甘草 5 g　　　乌梅 10 g　　　刺蒺藜 15 g　　紫荆皮 15 g

　　　龙骨 20 g

14 剂，每日 1 剂，水煎取浓汁 150 mL。

辅助治疗：冰黄肤乐　2 支　　外搽患处　bid

注意事项：禁忌热水烫洗，避免过度搔抓，忌发物。

按：患儿 2 岁即发现本病，迄今已有 8 年历史。此因患者先天不足，禀赋不耐，脾失健运，复感风湿热邪，蕴聚肌肤而成。故皮疹红斑、水疱，搔之糜烂、渗液。病情冬重夏轻，皮损分布对称乃湿疮的特点。久治不愈，呈发展蔓延趋势，湿热蕴毒，熏蒸肌肤，故可见全身泛发多形性皮损，红斑丘疹、水疱、糜烂、渗液、结痂，可见明显抓痕和苔藓样变。湿热熏蒸日久，伤及阴液，患者自觉口干；邪热犯脾，脾失健运，则胃纳不佳。患者舌质红，苔少，脉弦均为阴虚血燥之征。

钟老在治疗上以养阴润燥为主，严格遵从中医辨证，方选三皮止痒汤加减。其中桑白皮、地骨皮、丹皮、紫荆皮清泻肺之虚热，止痒；皮疹色红，故选紫荆皮、紫草以奏凉血之功；五味子、生地、白芍、甘草、乌梅取酸甘化阴，酸甘止痒之意；僵蚕、刺蒺藜疏风止痒，五味子、龙骨均有安神止痒的功效。

二诊：服上方后瘙痒大减，糜烂、渗液消失，皮损变薄。舌质红，苔黄腻，脉弦数。

辨证：湿热蕴阻证

治法：清热除湿止痒

方剂：参苓白术散加减

药物：炒白术 10 g　　茯苓 12 g　　　薏苡仁 15 g　　黄柏 10 g

　　　桑白皮 10 g　　地骨皮 10 g　　白鲜皮 12 g　　紫荆皮 12 g

　　　僵蚕 10 g　　　牡丹皮 10 g　　车前草 15 g

14 剂，每日 1 剂，水煎取浓汁 150 mL。

按：湿邪黏滞难去，与热邪相搏于肌肤。服用前方后阴虚症状明显改善，瘙痒大减，糜烂、渗液消失。舌质红，苔黄腻，脉弦数均是湿热蕴阻之征。

钟老在治疗时主要以清热除湿止痒为主，但考虑到患者为 10 岁小孩，脾常不足，若药过于苦寒，则伤及脾胃。故选参苓白术散加减，健脾除湿。其中炒白术、茯苓、薏苡仁健脾除湿；桑白皮、地骨皮泻肺之热；白鲜皮除湿止痒，紫荆皮、丹皮凉血止痒，僵蚕疏风止痒；黄柏、车前草清热解毒，让湿热之邪有所出路。

三诊：痒减，食欲差。舌质淡红，苔黄腻，脉弦。

方剂：三皮止痒汤合参苓白术散加减

药物：桑白皮 12 g　　地骨皮 12 g　　牡丹皮 12 g　　炒白术 12 g

茯苓 15 g　　薏苡仁 20 g　　白鲜皮 15 g　　鸡血藤 20 g

僵蚕 10 g　　鸡内金 12 g　　炒谷芽 20 g　　建曲 15 g

7 剂，每日 1 剂，水煎取浓汁 150 mL。

辅助治疗：复硼洗剂　100 mL×1 盒　外用

按：患者为小儿，脾胃尚虚。虽然瘙痒减轻，但其脾胃功能尚未恢复，食欲差。虽舌质淡红，苔黄腻，脉弦有湿热之征，仍应首先顾复脾胃。故钟老在治疗上仍选三皮止痒汤合参苓白术散加减，去除前方中苦寒利湿凉血之黄柏、车前草、紫荆皮，加入了健脾开胃之鸡内金、炒谷芽、建曲。

四诊：服上方后症状大减，痒减轻，皮疹大片消退，继续自行守方再服 7 剂。再次复诊皮损明显好转，仅留下色素沉着斑。舌质淡红，苔薄腻，脉弦数。

方剂：三皮止痒汤合参苓白术散加减

药物：桑白皮 12 g　　地骨皮 12 g　　丹参 15 g　　炒白术 12 g

茯苓 20 g　　薏苡仁 12 g　　黄柏 12 g　　车前草 15 g

鸡内金 12 g　　建曲 15 g　　炒谷芽 30 g　　佩兰 12 g

紫荆皮 15 g　　乌梢蛇 10 g

14 剂，每日 1 剂，水煎取浓汁 150 mL。

按：在治疗过程中，钟老扶正祛邪并举，效果颇佳，此次治则同前。因舌质淡红，苔薄腻，脉弦数，热偏甚，故再次加入黄柏、车前草，同时将健脾贯穿治疗始终。

（三）三黄固本汤

药物组成： 黄芪、黄精、熟地黄、当归、女贞子、枸杞子、菟丝子、桑葚子。

功效： 益气养血，培补肝肾。

适应症： 气血两亏、肝肾阴虚所致的多种皮肤病。

方义分析：《本草逢原》言"黄芪能补五脏诸虚"；《本草便读》："黄精味甘而厚腻，颇类熟地黄 ……按其功力，亦大类熟地，补血补阴，而养脾胃是其专长"。黄芪、黄精两药大补脾气，补后天可滋先天之本；熟地黄滋阴养血、填精益髓；当归为"血中圣药"，既可补虚，味辛能散，通行血脉，养血兼具活血之功。当归与黄芪相伍，取"当归补血汤"之意，通过益气促进阴血化生；女贞子、枸杞子、菟丝子、桑葚子四子合用填补肝肾，补益精血。肝肾乙癸同源，精血互化，气血充足则阴精得以化生。

案例 1

李某，女，50 岁，2017 年 8 月 5 日初诊。

主诉： 双下肢小腿伸侧红色结节伴疼痛反复发作 2 年多。

刻诊： 2 年多前患者无明显诱因双下肢出现数个红色结节，伴疼痛，曾于四川大学华西医院就诊，诊断为结节性红斑，具体用药不详。2 年间反复发作，本次双下肢再次出现结节，且逐渐增多，压之疼痛，质硬，边界清楚，舌质淡红，舌体偏胖，有齿痕，苔薄白，脉沉细。

辅助检查： 三大常规（-），自身免疫抗体谱（-），抗CCP（环瓜氨酸肽）抗体（-），TB-IGRA（-），胸部 CT 未见明显异常。

诊断：中医诊断：瓜藤缠

西医诊断：结节性红斑

辨证：气血两亏，脾肾阳虚证

治法：温脾补肾，软坚散结

方剂：三黄固本汤加减

药物：

黄芪 30 g	黄精 15 g	当归 15 g	川芎 15 g
枣皮 15 g	熟地 15 g	菟丝子 20 g	浙贝 15 g
橘络 10 g	鸡血藤 20 g	仙灵脾 15 g	桔梗 10 g

14 剂，每日 1 剂，水煎取浓汁 150 mL。

二诊：服上方后压痛大有减轻，触诊见结节较治疗前缩小，质中，舌质淡红，苔薄白，脉沉细。前方去仙灵脾续服，一月后复诊，双下肢结节隐约可扪及，无压痛，质软，临床显效。

按： 三黄固本汤是以中医理论为基础，在现代医学理论指导下拟定的方剂，具有调节机体免疫力的作用。从现代药理学的角度看，方中的主药黄芪、黄精均具有双向免疫调节作用，既可调节体液免疫又可调节细胞免疫；不管是免疫性疾病还是非免疫性疾病，只要中医辨证为气血不足，肝肾阴虚及脾肾阳虚者均适用。

本病初期多为风湿热邪结聚，气滞血瘀，治宜祛风清热利湿，凉血活血散结为主。反复发作者常为气血两亏，脾肾阳虚，脉络受阻，从而局部出现结节，气血阻滞，不通则痛，故选三黄固本汤以益气养阴，养血活血；脾肾阳虚故以仙灵脾温补肾阳；浙贝以软坚散结；脉络受阻故以橘络和桔梗通络。

案例 2

姚某，女，28 岁，2005 年 12 月 18 日就诊。

刻诊：患系统性红斑狼疮 5 年，常服用强的松 30 mg，病情稳定。最近 1 周因气候变化，病情出现波动，自觉发热、乏力、关节酸痛。查体：体温 37.4 ℃，面部淡红，舌红少苔，脉细数。

诊断：中医诊断：红蝴蝶疮

西医诊断：系统性红斑狼疮

辨证：阴虚火旺证

治法：滋阴降火

方剂：三黄固本汤加减

药物：黄芪 30 g　　黄精 15 g　　熟地 20 g　　山茱萸 15 g

菟丝子 20 g　枸杞子 15 g　女贞子 15 g　桑葚子 15 g

墨旱莲 15 g　太子参 15 g　沙参 12 g　　制首乌 15 g

6 剂，每日 1 剂，水煎服。

上药服 6 剂后，复诊时自诉口干，查其体温正常，面部未见红斑，前方加麦冬继服。患者坚持用药，至 2006 年 4 月再诊时，病情稳定，乃嘱停药。

按：钟老认为系统性红斑狼疮乃本虚标实之证，阴虚火旺是病机关键，因而滋阴降火便是治疗的基本大法，并自拟了三黄固本汤治疗本病，临床可根据具体情况予以变通。此例患者平素病情稳定后因气候变化诱发低热、关节酸痛、乏力、面部红斑等症状，据此辨为阴虚火旺，故投用滋阴益肾、填精补髓之品而获佳效。钟老还讲道，系统性红斑狼疮采用中西医结合的方法治疗是切实可行的，定期查免疫指标及做相关辅助检查也很重要，因为这样有利于全面客观地评价病情。

三、医 话

（一）临证辨证是关键，药少量轻见奇效

钟老常教导吾辈辨证是中医诊病的关键性一步。要做到准确辨证，至少应注意以下几点。① 掌握中医基本理论：医者首先须掌握中医基本理论，尤其是要熟练掌握各种辨证纲领，如脏腑辨证、经络辨证、六经辨证、卫气营血及三焦辨证等。中医基本理论是我们形成中医辨证思路的基础。② 熟悉病因病机：根据中医审证求因的原则，辨证时力求从症状中找出病因，从病因中探求病机。病因不同，证候不同，病位亦异，自然治疗方法也不相同。钟老在诊治过程中十分强调追溯患者发病的原因，如发病的年龄以及病程，是否有情志因素等，以寻求先天、后天因素，为辨证提供可靠依据。③ 熟悉临床证候：临床上可见到许多反映一定病因病机的症状组合，如瘙痒、烘热汗出、五心烦热等，往往对应阴虚火旺。这些证候，均反映一定病机过程。这些证候的分析对医者掌握病因病机很有帮助。④ 善于抓重点：有的患者症状繁复，而另一些患者则症状简单。对症状复杂的病例，辨证时对症状要分清主次，注意从纷繁复杂的诸多症状中抓住主要症状，以确定病证性质。如钟老辨银屑病时，主要注意皮损的颜色、肥厚程度，鳞屑的多少、瘙痒的程度等，如皮损色红、浸淫明显、鳞屑不多、肥厚不明显、瘙痒严重，多辨证为血热证。⑤ 一证多因，鉴别类证：不少表现相似而性质不同的症状，我们称之为类证。类证不同，治疗各异，因此必须在这种类证之间加以鉴别。⑥ 关注病因致病的多样性：与上面讨论的一证多因的类证鉴别相反，某一病因可以导致多种多样的病证，亦即一因多病。

除了风、火（热）、寒、湿、毒等主要病因，还有痰、饮、气（滞）、瘀等内生之邪，致病均极为广泛。以瘀为例，在肺为痰湿阻滞而致咳喘，在脾胃为水饮停聚而致呕恶，在肝为气滞血瘀而致胸胁胀痛等。

钟老医道精深，学验俱丰，用药精当，疗效显著，尤忌大包用药。处方药味多为 8 ~ 12 味，价廉效奇，受到广大患者及同事的一致好评。开方敢于药少量轻，核心即在于钟老辨证的精准。

（二）临危受命，化险为夷

钟老以擅治疑难杂病而名闻遐迩。他善于运用"标本兼顾"的治疗原则，采取相反相成、攻补兼施、寒热并用、温清相济等多种方法来提高疗效。如治疗肝硬化用生地黄、白芍、枸杞子、制首乌、女贞子柔润之品育阴养肝；配丹参、茜草、牡丹皮、鳖甲、水蛭等活血之药化癖散癥，补泻并投而达攻不伤正，补不留邪之效。对狼疮性肾炎（LN）长期蛋白尿的治疗，以三黄固本汤滋肾固本，合金樱子、昆布、枸杞、桑葚子温阳固涩，敛精防漏，标本兼顾而取效。他曾用调胃承气汤以下之，独参汤以扶之治愈高热腑实趋向脱变之重症。他还曾用党参配大黄治愈肾炎患者肠梗阻。

1996 年底，德阳市中医院曾出现大量患者因为青霉素注射后臀部深部脓肿的严重问题，患者数逐渐增多，该院曾多次请全省有关专家会诊制订治疗方案，西医治疗三月余，仍有 90 余名患者深部脓肿经久不愈。后北京专家多次做病菌培养，认为是罕见的奴卡氏菌感染，此类感染世界上当时仅有美国报道一例。在这紧要关头，钟以泽同志受省中医管理局委派帮助指导治疗工作，他克服困难，制定了中西医结合治疗方案，中医方案运用自拟外用配方和口服其经验方，并以益气养阴法配合七星丹治疗该病，同时定期亲临德阳指导临床治疗，历经五月，化险为夷，使全部患者治愈康复。该事一时传为佳话，是中医药治疗独特优势的典型体现，同时获得省级有关领导口头嘉奖。此次经历足见其功底深厚，医术精湛。

（三）耿直真诚，为人师表

除卓越的学术建树外，钟老的人格魅力也让人倾倒。其秉性耿直，坦率真诚，敦厚处世，淡泊名利，但为学术、为真理，却常仗义执言，据理力争，事后却从不存任何芥蒂。他不阿谀、不屈从，但富于同情心，常对贫病者不收诊金；患重病而不能起床就诊之贫民，邀之即去，不收诊费，深受广大患者尊敬。其医术精湛，故求医者总是络绎不绝，他都热情接待，认真治疗。对求医问药的信件，每一封都是亲自动笔复函，从不敷衍或让别人代劳回复。这种严肃认真的态度实在令人钦佩。他对待同道，都十分爱护，有请益者，必详为指点；如前医无效，而来就诊之患者，必索阅原服处方，倘辨证尚合，仅用药略作调整，即可获效，常告之患者，前医用药不错，可就近继续请他诊治，以免跋涉。前医均深为感动，常有成为朋友或学生者。

钟老不仅以其医术享誉学术界，而且治学严谨。他培养学生，言传身教，身体力行，为人师表，异常严谨，对工作极端负责，以自身的行为和风范影响并感动医学后辈，为年轻医生做出表率，先后培养了国内外中医骨干数百人。钟老常在国内外各地进行讲学及医疗活动。在讲学中，他对于学术上的问题，总是用实事求是的态度以理服人，从不仗势欺人，不沽名钓誉。同时钟老不抱门户之见，博采各家之长，经过自己的临床实践进行验证，在验证的基础上充实和发挥。他谆谆告诫学生既要掌握中医知识，也要掌握必要的西医知识，在中西医结合的基础上，更好地挖掘、系统地整理中医理论，并运用现代医学实验室手段在实践中验证和发展理论，在理论指导下进行再实践，这样既可使理论不致空泛，又使实践不致盲目。他教育自己的学生，医生要达到高层次水平，当一位名中医，除坚实的理论基础和勤奋的临证实践外，还贵在心悟。心悟，一是"道"，二是"巧"。"道不明者，不可与言至德，术不精者，不与言至巧"。"道"是医理，一般理解根本不行，非悟不能明。"巧"是医疗技术，临证错综复杂，非悟不可精。再聪明的医生，平时不动脑筋，不思索问题，医术均不会提高。因此，悟必须勤，勤思考，善总结，才能悟出道理，悟出技巧，技术才能精练，才能有所提高，以达到精深的程度。

钟老长期从事中医药教育工作，坚持中医药教育理念，在治学上言传身教，师德高尚。作为国家级师带徒导师，以身作则，谆谆教诲，培养了数名优秀徒弟，为我省中医药事业的发展做出了突出贡献。

川派中医药名家系列丛书　钟以泽

学术思想

一、理法方药之特色

(一) 诊治究 "理"

钟老常言：辨证论治是中医的基本观点，理法方药是辨证论治的具体体现。理、法、方、药四者之中，"理"是前提。钟老认为"识理为医家第一要务"，在对疾病的诊断和治疗过程中，切忌"头痛医头，脚痛医脚"，而是综合运用四诊合参，明理辨证，病症结合，直视病机。综观其医案，临证触类旁通，都有巧思，推究病因，细致入微，辨证辨病，直中其要。如何突出地抓这个"理"字，钟老主要从审证求"理"，以法测"理"及精心辨"理"三个方面进行了阐述。

1. 审证求 "理"

钟老训：对于很多学习中医临床的医生来说，对"理"的理解是完全不够的。他们往往在罗列一大堆症状后，开出一个"头痛医头，脚痛医脚"的杂烩方。而这却是我们在临床上的一大禁忌。先生认为要解决这种情况，首先要重视病因、病理、经络脏腑、症状学等中医学基础，然后在诸多症状中理出主症来，从病因、发病经过、经络脏腑、症状体征等方面去寻找辨"理"的依据。从现象的不同组合来判断现象系统证候的特异性质，凡病情复杂、隐蔽、或多方面相互牵涉时，必须寻找出一个起决定和影响作用的症状，而其他症状都是随着这一症状的产生而产生，随着这一症状的转变而转变。"候之所始，道之所生"，即病机分析为医生提供症状间相互联系和寻找到起决定作用的症状的最有效方法。抓主证的方法，对于临床辨证治疗可起到执简驭繁的效果，大大简化了复杂化难以把握的难处。经过这样分析，懂得如何找"理"，从哪几方面去求"理"，从而为掌握辨"理"迈出第一步。

2. 以法测 "理"

钟老训：上面讲的是按照"顺求"的方法去找"理"，但是在临床中有时还需要用"逆推"的方法去求"理"，这对一个临床医生来说是必须具备的。对于多数学者来说，习惯于按部就班，审证求因，不大习惯于"以理测症""以法推理"。钟老言同一个方，我们可以用于治疗多种疾病，或同一疾病，但所选的治疗方法却可能大相径庭。究其缘由，我们就要充分发挥发散性思维，举一反三，触类旁通，自觉地沿着"实践—认识—再实践—再认识"的辩证唯物主义的认识论所指引的方向前进。

3. 精心辨"理"

钟老言：凡事离不开一个"理"字，医学亦是如此。前面我们已经提到了用顺求和逆求的辩证思维去求"理"。然而要得到准确的诊断，必须通过辨证的方法，即通过病机鉴别的方法。应正确鉴别疾病的性质，如寒、热、虚、实。同时，一个完整的诊断尚需包括病因、病位、病性、病理转变及预后的判断等。为使辨证尽量达到准确的程度，钟老认为可把病机鉴别概括成"同""异""反""变"四个字。"同"即异病同治，是指不同的疾病，在某一阶段出现相同的症候时，应采用同样的治疗方法。先生认为扶正祛邪是治疗反复发作性皮肤病的重要法则，先生自创的三黄固本汤在临床上治疗白癜风、皮肌炎、结节性红斑、硬皮病等气血不足，肝肾阴虚或脾阳不足者均适用，且疗效肯定。"异"即同病异治，是中医的一大治疗特色，是针对同一病种出现的不同症候采用相异的辨证施治的中医治疗方法。如寻常痤疮病因主要是湿、热、瘀侵袭肺、脾、胃、大肠等脏腑，世人用药多以清泻肺热，清热解毒，化湿通腑治之，先生认为临床根据中医辨证本病治疗可分为清泻肺热、清热解毒、健脾化痰及益气养阴托毒法治疗，再结合患者的病情辨证施治，临证加减，方能取得良好效果。"反"即病机相反的症候，任何事物都具有两重性，疾病的病机也一样，如阴阳、表里、寒热、虚实、外感内伤等。"变"即病机的可变性，如六经传变、卫气营血传变、三焦传变、经络之间的传变、经络脏腑之间的传变、脏腑之间的生克制化传变、病性转化等。

（二）遵典求"法"

钟老曰：明晰辨理，以理定则，以则制法。治则，是治疗疾病时必须遵循的基本原则，是在整体观念和辨证论治精神指导下而制定的治疗疾病的准绳。治法是在一定治则指导下制定的针对疾病与症候的具体治疗方法，也可以是治疗措施。钟老认为人与自然是一个有机的整体，"天人合一""三因制宜"及"司外揣内"等理念深入其心，在诊治疾病的过程中，综合运用四诊合参，灵活采用八纲辨证，部位经络辨证、症证结合，辨证论治。钟老博览群书，尊经而不泥古，确立了病有定势，治有定方的治疗法则。

1. 整体观——从《黄帝内经》中看整体观

中医学理论的最基本特征之一就是整体观，钟老在诊治疾病过程中非常重视理法方药的整体观。"天地人三才"医学模式，"三因制宜""司外揣内"等理念深入其心。钟老认为博览群书方能独树一帜，被称为中医经典的《伤寒论》《金匮要略》《内经》以及《温病学》著作应是一位医生必读的书籍，也是自己的知识结构主体。《内经》说："天地合气，命之曰人。"即指出人是自然界的产物，人的生命现象是自然现象的一部分，强调人与自然是一个不可分割的整体，它们遵循着同一自然规律。自然环境的变化与人体生理病理的变化有着千丝万缕的联系。因此，钟老看病的时候，从不局限于只看到患者的局部症状，还会想到患者的全身气血阴阳，也会问到患者周围的社会环境、所处的社会地位、所从事的工作性质等，同时还要考虑到自然环境是春夏还是秋冬，是南方还是北方。比如成都地处西南四川盆地，四季湿气较重，加之蜀人嗜好辛辣，湿热体质多见；大多数白领等工作忙碌者常熬夜少寐，故阴血易耗。钟老训：不同地域的同一种皮肤病在诊治上具有明显的个体差异，选方用药迥异，所谓的因人因地因时制宜，方能真正体现中医的特色。钟老又说："司外揣内"的辨证方法是中医学整体观念的集中体现。《内经》认为，人体结构的各个组成部分不是孤立的，而是彼此联系的，这种联系表现在生理与病理、脏腑与经络等各个方面。中医整体观认为，人体以五脏为中心，通过经络贯通联络内外上下，形成一个有机整体。当体内受到某种刺激，脏腑功能发生异常变化时，便可通过经络的传导作用而反映于相应的体表部位。从中医外科的角度而言，它与内科的区别在于除了系统辨证外，还需要局部辨证。例如，滋水淋漓、层层浆痂实为湿邪蕴阻肌肤所致；自然界的火具有温热、向上、红赤、势急等特点，若患者皮疹具有此类特征，辨证则多属火毒炽盛。因此，在"藏居于内，象见于外"的整体观念指导下，钟老通过长期而反复的临床实践，不断总结出各种"司外揣内"的辨证方法。

2. 辨证论治——从《黄帝内经》中看辨证论治

钟老曰：明晰辨理，以理定则，以则制法。治则，是治疗疾病时必须遵循的基本原则，是在整体观念和辨证论治精神指导下而制定的治疗疾病的准绳。治法是在一定治则指导下制定的针对疾病与症候的具体治疗方法，也可以是治疗措施。钟老认为，如果说望闻问切四诊是整体观在诊察方法上的应用，那么辨证论治就是整体观在诊治过程中的应用。他说，在诊治疾病的过程中，要综合运用四诊合参，灵活采用八纲辨证、部位经络辨证、症证结合，辨证论治。疾病的变化往往不是单纯的，所谓八纲辨证不应把阴阳、表里、虚实、寒热当作孤立的证据看待，而是应把它们当做相互联系的整体来把握，既要看到它们之间的区别，又要注意它们的相互联系、相互交错和相互转化，从对它们的综合分析中作出对疾病的正确诊断。而症证结合也不是简单的对"症"治疗，而是综合性的对"证"治疗。他的着眼点不是某一局部的脏器或某个单一症状，而是整个机体和集体的整体功能；他的治疗手段不是单纯的"祛邪"，而是把"扶正"与"祛邪""补虚"与"泻实""滋阴"与"壮阳"等手段结合起来，从而达到治疗疾病的目的。《内经》将体内的脏腑与体表的形体官窍做了对应联系，并认为局部的病变，可以影响到全身或其他脏器，因而在治疗上重视局部与整体的联系。《灵枢·本脏》曰："视其外应，以知其内脏，则之所病矣"。《灵枢·外揣》"五音不彰，五色不明，五脏波荡，若是则内卫相袭……故远者司外揣内，近者司内揣外，是谓阴阳之极，天地之盖……"这些都明确指出了外表的症状与内脏的病变之间是互相关联的，有着内外相袭的因果关系，所谓"有诸内必形诸外"，故欲知其内脏的病理变化，便可通过外在的反映来进行推测判断，这就是"司外揣内"的辨证方法。

（三）灵活用"方"

钟老训：治法一经确立，而后"以法统方""方从法出""方以药成"，药后疗效之高低，最终取决于具体方药的运用。钟老非常重视经方和时方的学习，熟读专研中医众多经典，博采众家所长，摄其精华，补己之短。钟老常谓：经方药味少，组方严谨，义理精深，君臣佐使分明，且经过长期临床检验，用之如能药证相符，多有疗效。但先生亦认为社会在发展，自然环境在变迁，疾病谱亦在衍变，故"执古方难以尽愈今病"。经方时方是前人的经验结晶，方之所以贵，不是拿古人成方原封不动地去治病，而是主张因时、因地、因人、因证随机而变，所谓"既不失古人立方之意，又不拘执于某一成方，避免机械搬用古人用方，失于灵活"。通过数十年的实践，他借鉴经方之精炼，时方之轻巧，机圆法活，通常达变，疏方遣药不落俗套，自创的经验方（三皮止痒汤、三皮消痤汤和三黄固本汤等）在临床上每获良效。

1. 重视经方

钟老非常重视经方和时方的学习，熟读专研《黄帝内经》《伤寒论》《金匮要略》《温病学》等经典，博采众家所长，摄其精华，补己之短。钟老常谓：经方药少精炼，功专力宏，体现出药物加减及剂量上的严谨，且经过长期临床检验，用之如能药证相符，多有疗效。如钟老在治疗皮肤病时常选用芍药甘草汤、大黄甘草汤、当归四逆汤、四逆散、半夏厚朴汤等，且在前人经验基础上颇多发挥，如芍药甘草汤的应用。张仲景在《伤寒论·太阳篇》芍药甘草汤方中记载："……脚挛急……，若厥愈足温者，更作芍药甘草汤与之，其脚即伸"，此方系张仲景为伤寒误汗亡阳、阳复后脚挛急证而设，有柔肝舒筋、缓急止痛之功效。立法以甘酸为主，依据源于《内经》"肝苦急，即食甘以缓之，以酸泻之"。先生认为本方有酸甘化阴的功效，不仅有柔肝舒筋、缓急止痛的作用，同时酸甘亦能止痒。具体来说，一是酸甘化阴，二是柔肝益脾，三是缓急止痛，四是酸甘止痒。瘙痒是一种皮肤、黏膜不适，因人欲搔的感觉，是皮肤病最常见的症状。历代皮肤科医生都非常重视对痒的研究。《灵枢·经脉》曰："邪气微，不能冲击为同，故但瘙痒也。"《诸病源候论·风骚痒候》云："虚则瘙痒。"《备急千金要方·瘾疹》谓："素问云，风邪客于肌中，则肌虚，真气发散，又被寒邪搏于皮肤，外发腠理，开毫毛，淫气妄行之，则为痒也。"基于上述中医基础理论，钟老提出止痛方药亦能止痒，如芍药甘草汤治疗瘙痒性皮肤病，乌梅汤治疗急性荨麻疹等，临床上大获奇效。

2. 喜用时方

时方，与"经方"相对，指汉代张仲景以后医家所制的方剂，以唐宋时期创制使用的方剂为主。时方在经方基础上有很大发展，补充和完善了前人未备而又有临床疗效的方剂，丰富了方剂学内容。中医方剂浩如烟海，钟老强调，对临床常见病，每一病症掌握一、两首代表方剂即可，在此基础上，再据证灵活化裁，正如陈实功所言："方不在多，心契则灵。"综观钟老用方，时方多用消风散、桃红四物汤、参苓白术散、犀角地黄汤、黄连解毒汤、龙胆泻肝汤、玉屏风散、逍遥散等。用其方而不拘其方，如在临床中善用消风散加减治疗荨麻疹、痤疮、脂溢性皮炎等属于风湿为患的多种皮肤病。钟老认为荨麻疹多由情志不遂，肝郁化火或喜食膏粱厚味、辛辣之物致内热蕴积，日久伤阴耗气，血热动风；或平素体弱，气血不足，感受风热之邪而致内不得疏泄，外不得透达，郁于皮肤腠理之间，邪正相搏而发病。《内经》云："正气既虚，则邪气虽盛，亦不可攻，盖恐邪未去而正先脱。"治疗应以扶正祛邪、标本兼固为法。消风散中防风、荆芥、蝉蜕祛风止痒而不留邪；当归、生地黄养血活血，所谓"治风先治血，血行风自灭"。诸药合用，共奏益气养血、固表和营而扶正，祛风清热而祛邪，邪去正自安。痤疮属中医"粉刺"范畴，其病机为湿热内盛，或风邪浸淫血脉，郁于肌肤腠理而发。治宜清热除湿为主，辅以疏散风邪。钟老用消风散加减，清热除湿、疏风止痒。方中苍术、苦参、木通清热除湿；防风、荆芥、牛蒡子、蝉蜕疏风止痒；佐以当归、生地黄养血活血；甘草调和诸药。本方在临床应用时，还要斟酌具体病情进行加减。如风热偏盛而有发热、口渴者，加金银花、连翘、蒲公英以清热解毒；血热偏盛见有斑疹红赤稠密、五心烦热、舌红或绛者，加赤芍、牡丹皮、紫草等以清热凉血；湿热偏盛见有身重乏力、胸脘痞满、皮损以斑块云片为主者，加地肤子、生薏苡仁、车前子等以清热利湿；瘙痒较重者，加白鲜皮、白蒺藜、徐长卿等以消风止痒。脂溢性皮炎是发生于头、面、眉、耳、胸、背等皮脂分泌活跃部位的一种慢性炎症性皮肤病。因皮肤油腻、瘙痒、潮红或起白屑而又命名为"面游风"或"白屑风"。《外科正宗》记载："白屑风多生于头、面、耳、项、发中，初起为痒，久则见生白屑，叠叠飞起，脱而又生，此皆起于热体当风，风热所在。"《医宗金鉴·外科心法·面游风》记载："此症生于面上，初发面目浮肿，痒者虫行，肌肤干燥，时起白屑，次后极痒，抓破，热湿盛者津水，风燥甚者津血，痒甚难堪。"本病常见于青少年及婴儿。病因病机为内蕴湿热，外感风邪，蕴阻肌肤，湿热上蒸或耗伤阴血，肌肤失养。发于面部者伴有痤疮，发于头部者可多见头屑，发于躯干、腋窝、腹股沟皱褶处因糜烂而似湿疹，严重者可有湿疹样皮损。消风散方中以荆芥、防风、牛蒡子、蝉蜕作为君药，目的在于开发腠理、疏散风邪以止痒。用苍术之辛苦温，散风祛湿；苦参之苦寒，清热燥湿；木通之利水，渗利湿热，三味药辅助君药以增强止痒之力，足为臣药。用当归、生地黄清热凉血、散瘀化斑；胡麻仁养血润肤；并以石膏、知母清气分实热，增强清热泻火之力。所有这些药物目的在于消除斑疹，故为佐药。甘草生用，清热解毒，又能调和诸药，故为使药。综合全方，既有疏风清热、除湿止痒之功，又有凉血润燥、活血消疹之效，诸药合用，祛邪而不伤正、泻火而不伐胃、凉血而又护阴。

3. 善组新方

钟老训：经方时方是前人的经验结晶，方之所以贵，不是拿古人成方原封不动地去治病，而是主张因时、因地、因人、因证随机而变，所谓"既不失古人立方之意，又不拘执于某一成方，避免机械搬用古人用方，失于灵活"。先生认为社会在发展，自然环境在变迁，疾病谱亦在衍变，故"执古方难以尽愈今病"。通过数十年的实践，他借鉴经方之精炼，时方之轻巧，机圆法活，通常达变，疏方遣药不落俗套，在实践中不断总结经验，创立了三皮止痒汤、三皮消痤汤、三黄固本汤等多个经验方；研制了治疗黄褐斑的"活化二号口服液"，治疗白癜风的"白癜酊"，治疗银屑病的"白疕软膏""祛银擦剂"等，在临床上深受患者欢迎。钟老常谓：人之先天禀赋不同，后天情况各异，诸如男女有别、长幼不齐、胖瘦不均、形志苦乐等，性格、嗜好、工作条件、居住环境、饮食习惯等亦千差万别，因此钟老还非常重视处方用药的个体化。

（四）知性用"药"

钟老言：用药如用兵，诸药如千军万马，任君调兵遣将，知己知彼方能百战不殆。所谓用药如用兵，意即医家治病需通晓药性，用之得当，则疾病立消，有如兵家用兵，用之得当则旗开得胜。若医家不谙药性，用药不当，则不仅病邪不祛，反伤正气，甚至贻误病情，影响性命，有如兵家用兵不当，非但不能取胜，反而损兵折将，一败涂地。历代兵家常胜者，必善用兵；历代医家有名者，必善用药。中药材专书记载的中药几千余种，其作用和使用奥妙无穷，光凭教科书所记载的知识，远远不能反映其全貌，必须扎实地研究，对其药物的性味、功能、产地、炮制及相互作用等，做到熟谙于心，方能方药平齐，出奇制胜。钟老在临床上非常重视药物的升降结合、补泻兼施、寒热并用、敛散相伍、阴阳互求、表里相合、气血互调、多脏兼顾等多种药物的合理运用。钟老选择药物时非常重视人的个体化，说从胖瘦言，古人有"瘦人多火""胖人多痰"之说，其用药，胖人应注意化痰祛湿，瘦人应注意滋阴泻火；从性别言，女性因经、孕、产、乳等生理特点，较之男性更易气血亏乏，又因其感情细腻，易因郁致病，故用药应注意培补气血及疏肝解郁。此外，经期用药与平素用药有别，孕期用药更应注意妊娠禁忌等。钟老还提出，药物的用量也是非常重要的，处方用药不在重，亦不在猛，而在于在运用得当，药证符合。钟老治疗扁平疣时就非常注重大青叶、板蓝根的用量，虽然大青叶、板蓝根清热解毒、凉血消斑，且大青叶有抗病毒的作用，但他认为清热解毒并不是越多越好，过多伤阴会使病情更加缠绵难愈。又如刺蒺藜，又名白蒺藜、硬蒺藜，为一年或多年生草本植物蒺藜的果实。刺蒺藜性味辛苦微温。归肝经，具有平肝解郁、疏肝、活血祛风、明目止痒之功效，《千金方》单用本品研末冲服，治白癜风。《本草求真》曰："宣散肝经风邪，凡因风盛而见目赤肿翳，并通身白癜搔痒难当者，服此治无不效"。在临床上常用刺蒺藜治疗白癜风、黑变病、黄褐斑等色素代谢障碍性疾病。色素代谢障碍性疾病的发病机理主要是各种原因引起黑素细胞代谢和酪氨酸酶活性的改变而导致表皮黑素含量的改变。然而刺蒺藜量的不同，可以分别被用来治疗现代医学认为发病机理完全相反的白癜风与黑变病。钟老认为刺蒺藜用量在 30 g 以内用于治疗色素减退性疾病，而色素沉着等疾患则用量较大，至少要大于 30 g。故钟老常言："药无贵贱之分，方无好坏之别，效与不效，全在于使用者对方药的把握与运用"。

二、整体观之特色

钟老学术思想源于《内经》《伤寒论》《外科正宗》等，他勤求古训、博采众家之长，深刻领会古医书中有关皮肤科疾病的论述，旁及历代皮肤科重要医籍。《黄帝内经》的形成，既有长期的医疗实践作为基础，又与古代的人文自然学科知识的渗透，特别是与哲学思想和医学的影响是分不开的。在《内经》形成的时代，中国的哲学中就有精气说、五行说、阴阳说，特别是阴阳五行，《内经》中几乎所有的篇章里都有论及。当然，在《内经》中，阴阳五行既是一种哲学思想，又是医学理论的具体内容。例如，肝阴肝阳既有阴阳的关系问题，但它同时也是医学的具体问题。那么这些思想对《内经》的影响在何处呢？钟老认为，是在不断地观察与反复的实践中又借用哲学思维的模式体现了出来。例如，藏象学说的创建，就是经过长期的医疗实践、生活实践，从生理、病理、诊断、治疗等各方面的观察逐渐积累，逐渐去粗存精，修正完善的。由此，藏象学说成为了整部《内经》理论体系的核心内容之一，渗透到所有理论的全部。

钟老在诊治疾病时十分强调整体观。整体观念强调在观察分析和解决处理问题时，必须注重事件本身的统一性、完整性和联系性。整体观念是中医理论体系的特点之一，它既强调人体内部的统一性，又重视机体与外界环境的统一性，即人与自然界的统一性。认为人体是一个有机的整体，是整个物质世界的一部分，从客观世界到人类社会，以一定的方式构成了统一的整体。中医学的基本特点有二：一是整体观念，二是辨证论治。《素问·阴阳应象大论》曰："治病必求于本"。对"本"的认识有两种观点：一者，认为其是"疾病之本原"，即疾病发生的原因，也就指病因。倡导此论者，一般先"审病求因"，然后"去除病"为其治疗疾病的基本手段。其实就是辨病论治。二者，治病求本，实为求于人生之阴阳，而非"疾病之本原"，人为本，病为标。《内经》云："生之本，本于阴阳，人以阴阳之气生，四时之法成。"观钟老治病，重在辨证，求其病机关键所在，如慢性荨麻疹辨其为营卫不和证的同时，又须辨其为气虚表卫不固。虚实一字之差，实为病机关键所在。营卫不和者，治以桂枝汤，调和营卫，以治营卫之失和；气虚表卫不固者，治以玉屏风散，益气固表。

（一）望、闻、问、切——整体观在诊察方法上的应用

整体观在中医学中占有十分重要的地位，作为一种深层理念和重要方法论思想，它贯穿于中医理论和临床的方方面面。钟老时常训诫：人体是一个有机整体，其各部分之间是相互依存、相互联系、相互影响和相互制约的。因此要求在对疾病的诊断和治疗过程中，不是"头疼医头，脚疼医脚"，而是在整体观思想的指导下，综合运用"望、闻、问、切"四种诊察手段，着眼于机体各

部分之间的相互联系进行统一的辨证论治，对"证"下药，缺一不可。他同时批评某些只重视问诊，忽视或根本不潜心诊脉的错误行为，指出：中医不问切脉，等于草菅人命。批评不问脉象，不讲辨证的弊端。

（二）辨证论治——整体观在诊治过程中的应用

辨证论治的实质，就是以整体观为指导思想，以阴阳、五行、脏腑、经络、气血、津液等学说为理论依据，对"四诊"采集的临床资料，根据它们的内在联系，加以分析、归纳，以探求疾病的根源和病变的本质所在的过程。

1. 八纲辨证

将疾病的情况概括为"表、里、寒、热、虚、实、阴、阳"八个纲领，既分析病位的深浅和病证的性质，又注意邪正的盛衰和证候的类别，在综合各种症状的基础上，得出对疾病的总体性认识，为"论治"提供依据。而且，中医辨证不是把阴阳、表里、虚实、寒热当作孤立的证候看待，而是把它们当作相互联系的整体来把握，因为疾病的变化往往不是单纯的，而是经常出现表里、寒热、虚实等交织在一起的错综复杂情况，如表里同病、虚实夹杂、寒热并存等。同时，在一定条件下，证候之间还会相互转化，如表邪入里、寒证化热、实证转虚等。当疾病发展到严重阶段时，还可能出现假象，如真寒假热、真热假寒、真虚假实和真实假虚等。因此，在辨表里时要与寒热虚实联系起来考虑；在辨寒热时要与表里虚实联系起来考虑；辨虚实时要与表里寒热联系起来考虑。既看到它们之间的相互区别，又注意它们之间的相互联系、相互交错和相互转化，从对它们的综合分析中作出对疾病的正确诊断。如辨治狐惑病以肝、肾、脾三脏为本，湿热蕴毒为标，认为本病实质乃本虚标实。肝肾阴亏，虚火内炽，蚀损眼口，灼伤阴窍；脾失运化，湿热内生化毒，充斥上下，走窜口眼、阴部，致气血凝滞，蚀烂溃疡而病。久病不愈，反复发作，仍阴虚在内，热毒在外，治则以滋阴清热、凉血解毒为大法。

2. 症证结合

中医论治也不是简单的对"症"治疗，而是综合性的对"证"治疗；它的着眼点不是某一局部脏器或某个单一症状，而是整个机体和机体的整体功能；它的治疗手段不是单纯的"祛邪"，而是把"扶正"与"祛邪"、"补虚"与"泻实"、"滋阴"与"壮阳"等手段结合起来，通过"扶正"而"祛邪"，通过"祛邪"而"扶正"，通过"补偏"而"救弊"，从而达到治疗疾病的目的。钟老治疗慢性荨麻疹所遇这一类案例，其风团极少新发，但遇热偶发，尤其是洗热水澡时风团发作，皮损灼热感，自觉潮热，舌质淡红，苔薄白，脉细弦者，辨证为血热证，治以清热解毒、凉血消风，方选泻白散加减：桑白皮 12 g、地骨皮 12 g、牡丹皮 12 g、生地 15 g、僵蚕 10 g、槐花 12 g、紫荆皮 15 g、白茅根 20 g、五味子 10 g、龙骨 20 g、紫草 10 g，屡收奇效。此乃肺合皮毛，外主肌表，外邪入侵，肺卫肌表首受其害，邪气郁蒸于肌肤而成斑、疹等皮损，邪郁生热，热微则痒，热甚则痛，故凡皮肤病变，均可从肺治。泻白散能"泻肺中伏火而补正气，泻邪所以补正"也。方中僵蚕祛风止痒、解毒散结，紫荆皮清热解毒、除湿止痒，龙骨镇静安神，且配槐花、紫草、白茅根、生地、牡丹皮凉血活血，寓"治风先治血，血行风自灭"。全方共奏清热解毒、凉血活血、祛风止痒之功。

（三）君、臣、佐、使——整体观在组方用药方面的应用

一定方剂的药物按照君、臣、佐、使的原则配伍后，其治疗效果就不是几味单一药物疗效的简单相加，而是几种药物相互配合、相互补益，从而增强药效或产生新的作用，并对方中某些性质较偏或具有毒性的药物，调节其偏性，抑制或减轻其毒性，消除或缓和其对人体的不利影响，使全方产生更好的治疗效果，发挥出"1+1 > 2"的整体疗效。作为中医学的一大特色之一，辨证论治以"证"这个内涵和外延丰富的概念为枢纽，通过望、闻、问、切四诊合参，收集人体疾病所反映的症状、体征信息，利用不同的辨析方法，将机体在疾病发展过程中的某一病理阶段概括为八纲、脏腑、卫气营血、三焦等不同的证候类型，并以此为依据确立不同的治则治法，利用相应的方药组合，医治各型证候以达到最终治疗疾病的目的。钟老告诫曰："组方必须抓住病证之本，定位定性"，以"急则治标，缓则治其本"的原则组方用药，调治之。随着医学的发展，在病、证、症关系，辨证与辨病，证的客观化与规范化，微观辨证，治疗机理等方面，学术界出现了许多困惑和争论。但钟老认为，利用现代医学手段从微观和客观研究中医，目的

在于以简执繁，并非对号入座；强调首先在中医辨证论治基础上确定传统组方用药原则，然后结合现代医学研究成果筛选药物，以期达到更好、更快、更精、更准的疗效，而非简单地以研究结果组方用药，忽视中医的整体辨证观。如其经验方三皮消痤汤中常见白花蛇舌草、薏苡仁，从中医辨证论治上，它们体现了清热解毒、软坚散结的作用，同时本组药物现代医学研究亦证实其有减少皮脂腺分泌皮脂和抑制细菌的作用。

（四）"司外揣内"在中医外科（皮肤病学）中的应用

钟老认为皮肤疮疡病虽发于外，实根诸内，有诸内必形诸外，治外遗内，非其治也。若要治之得法，必须取法众家，联系实际，融会贯通。他曾言：中医外科与内科的区别在于除了系统辨证外，还需局部辨证。"司外揣内"是中医外科学（皮肤病学）在临床上辨识疾病的主要方法，在几千年的医疗实践中发挥了巨大的作用，故世代相传，一直奉为圭臬。"司外揣内"的思想源于《黄帝内经》。如《灵枢·本脏》曰："视其外应，以知其内脏，则知所病矣。"《灵枢·外揣》说："五音不彰，五色不明，五脏波荡，若是则内外相袭……故远者司外揣内，近者司内揣外，是谓阴阳之极，天地之盖……"这些都明确指出了外表的症状与内脏的病变之间是互相关联的，有着内外相袭的因果关系，所谓"有诸内必形诸外"，故欲知其内脏的病理变化，便可通过外在的反映来进行推测判断，这就是"司外揣内"的辨证方法。钟老训："司外揣内"的辨证方法是中医学整体观念的集中体现。中医整体观认为，人体以五脏为中心，通过经络贯通联络内外上下，形成一个有机的整体。当体内受到某种刺激使脏腑功能发生异常变化时，便可通过经络的传导作用而反映于相应的体表部位。所以在"藏居于内，象见于外"的整体观念指导下，通过长期而反复的临床实践，不断总结出各种"司外揣内"的辨证方法。如心主血脉，开窍于舌，若脉结代，舌有瘀斑，则为心血瘀阻；肺主皮毛，开窍于鼻，若皮毛枯槁，嗅觉不灵，则为肺气虚衰；肝主筋，开窍于目，若手足抽搐，目斜上视，则为肝风内动；下肢瘀斑，神疲乏力，则为气虚下陷，固摄失职等。如木喜升发和舒展，而肝主疏泄恶抑郁，故肝与木性相通，若病人出现心情压抑、多愁善虑、闷闷不乐等现象，多为肝木之气失于调畅所致；皮肤干燥多为阴虚肌肤失养，生风生燥之象；舌体瘦小，苔少乏津乃为阴虚之征；滋水淋漓，层层浆痂实为湿邪蕴阻肌肤所致；自然界的火具有温热、向上、红赤、势急等特点，若患者皮疹具有此类特征，辨证则多属火毒炽盛。这些行之有效的辨证理论都充分显示了"司外揣内"方法的科学价值。"司外揣内"的方法也体现了传统中医形象思维的辨证特点。中医诊察疾病主要是依靠感官，在感官可及的范围内，利用视、听、嗅、切等手段，观察和捕捉病人反映在外的各种临床表象，再通过综合归纳来辨别和判断内在的疾病。所以病人外在的临床表现是中医认识疾病的主要依据。而分析研究这些表现的重要方法就是从唯象理论出发的形象思维模式，即着眼于对现象的规律性描述，并借助于大脑中储存的具体客观事物，对其机理作生动、直观的联想、类比和演绎，试图通过形象性构想去由此及彼、由表及里，从而把握病理变化的内在规律，寻求其致病的根本原因。总之，"司外揣内"是中医外科学理论形成的特定环境下所采用的辨证方法。这种辨证方法以不破坏对象的整体性为前提，侧重于从综合辨证的角度来认识人体疾病的内外联系，符合客观事物变化的一般规律。它既是"黑箱理论"的灵活运用，又包含着许多信息论、系统论、控制论等科学的思想萌芽，形成了独具特色的辨证风格，具有很大的优越性，并取得了丰硕的成果，这也正是它历经千百年而不衰的合理内核。同时，在熟练掌握"司外揣内"辨证规律的基础上，针对那些"无症（证）可辨"的状况，可有选择地借助现代医学的一些微观检查手段，以扩大诊断范围，增强病证的清晰度和可见度，提高和促进诊断的及时性与精确性，并为逐步掌握"隐匿病证"的发展变化规律提供佐证和依据。只有这样，才能克服传统中医"司外揣内"辨证方法的局限性，使其增添新的活力，从而继续发展和传承。

（五）动态治疗思想——整体观以人为本的体现

《黄帝内经》从动态治疗思想的理论基础、理论体系、临床应用及对临床的指导意义等方面体现了中医整体观以人为本的思想。钟老言：动态治疗思想是《黄帝内经》治疗理论的核心思想之一，具有坚实的理论基础和丰富的内涵，对于疾病的治疗和预防有着重要价值，有利于我们临床树立牢固的动态观，防止静止、孤立地看待健康和疾病，对于减少发病率、提高疗效具有重要意义。在诊断和治疗时，必须从动态和整体两方面入手，才能正确把握疾病的发生发展变化规律。从未病防治、既病论治及愈后调治三方面进行探讨，强调对疾病的治疗应始于病前、继于病中、续于病后，着眼于疾病产生发展的每一个环节。将钟老动态治疗思想运用于临床，有利于把握疾病规律、制定治疗方案、实施疾病预防、完善辨证论治。具体体现在：

1. 患者诊治的个体化

钟老认为这是中医诊治疾病的重要原则。人体是个有机的整体，一切疾病在其发生发展和变化的过程中，所表现出来的症状和体征是错综复杂、千变万化的。中医在治疗疾病时，要求根据病人的年龄、性别、体质、生活习惯等不同特点，来考虑治疗用药，称为"因人制宜"。因人制宜强调治病时不能孤立地看待病症，必须看到人的整体和不同人的体质特点。如成都地处西南四川盆地，四季湿气较重，加之蜀人嗜好辛辣，因此湿热体质多见；成都乃休闲之地，市民多熬夜少寐，故阴血暗耗者易见；蓉城女子性格泼辣，性情率真，故肝郁化火者不为鲜少。因此不同地域的同一种皮肤病在诊治上具有明显的个体差异，从而选方用药迥异。正如张景岳所说："能说明方圆轻重之理，则知变通之道矣。"

2. 识脉明证，色脉合参

脉理微妙，最难穷究，非功深养到，难以识其奥妙，豁然贯通。中医临床特色之一就在于脉诊全息诊断法，据脉叩证，梢推细勘，探求病理，确定治法。临症常以切脉所得最多，常常能以脉知病，以脉辨证，以脉知传变和以脉知预后。《素问·阴阳应象大论》："善诊者，察色按脉，先别阴阳，审清浊而知部分。"可见察色按脉最具中医诊断特色，是四诊中唯一直接触及患者人体的重要诊法，是临床辨证必须特别重视的一个环节。以色脉合参而决断病情，这除了不断地加强基本技能的训练外，还要从整体观念出发，用恒动的眼光去看待和体察色脉的变化。《素问·五藏生成篇》："能合色脉，可以万全。"《素问·脉要精微论》所述："左寸外以候心，内以候膻中；右寸外以候肺，内以候胸中。左关外以候肝，内以候膈；右关外以候胃，内以候脾。左尺外以候肾，内以候腹中；右尺外以候肾，内以候腹中。"寸口这一局部某种程度上是整体的缩小，并能在一定程度上反映出五脏六腑的生理、病理信息，《素问·平人气象论》："人一呼脉再动，一吸脉亦再动，呼吸定息，脉五动，闰以太息，命曰平人，平人者不病也。"平脉具有从容和缓，节律一致，柔和有力（尤其尺部沉取有力）等特征，即必须具备有胃、神、根三个特点。钟老精于脉诊，并强调脉诊一定要结合四时气候的春生、夏长、秋收、冬藏的变动，"……以春应中规，夏应中矩，秋应中衡，冬应中权。"（《素问·脉要精微论》）。规者，为圆之器也，春气发生，圆滑而动，故脉应中规，而人之脉应圆滑，临床上指春天脉弦而柔滑。矩者，为方之器也，因为夏天万物生长茂盛，人体阳气盛，故脉呈洪大滑数，合矩之象。衡，求平之器，秋天是收获之际，人体阳气平和，秋脉浮毛，轻涩而散如衡之象，其取在平。权，计重之器，因为冬天为闭藏之时，人体阳气内藏，故脉沉石而伏于内。从以上脉规矩衡权的变化，充分证明脉与四时的关系十分密切。对于脉象这四种变化，一定要从人的整体生理过程去理解。掌握这个原则就能以常衡变，了解病在何脏何腑，以适应辨证论治。然而，只凭二十八种单象脉是不完全具有辨证意义的。中医辨脉要注意兼象，因为一脉可以主多病，多病又可见一脉，如数脉主热证但又主虚、惊悸及亡阳等证。当然兼象的组合具有一定的规律，有二合、三合或虚实夹杂或寒热交错等脉象的相兼，说明它们有内在的联系。如白癜风患者常见弦脉，钟老认为并非是气血瘀阻，乃系"虚风内扰""因肺主气，气阻血亦不行"所致。"因脉弦者，肝象也，肝风内动，则血不能藏"，气血不足，皮肤失养，故色素缺失。遂以扶土制木，挺达肝风，补填窍隧之法，自拟选方：钩藤15 g，刺蒺藜15 g，丹参20 g，僵蚕10 g，柴胡10 g，紫荆皮15 g，黄芩12 g，白芷10 g，橘络10 g，川芎12 g，菟丝子20 g，桑葚子20 g。随证加减，应乎而效。

钟老在临床中十分重视察脉辨证，于脉学研究有素，造诣颇深，善于据脉准确地判断疾病的预后，往往料事如神，令人惊叹不已。这种辨证重脉的思想，促进了其临床医术的发展和日臻完善。他强调学医必识"脉、病、证、治，及其所因""因脉以识病，因病以辨证，随证以施治""究明病证，内外不滥，参同脉证，尽善尽美"。钟老继承了前人学说，取其要义，有所发挥：病位所在，首当明辨。

毒邪外入，自经络而入于脏；情志内郁，自脏腑出而应于经；皮肤顽疾，反复发作，营卫不和，气虚卫外不固者多见。其论脉特点在于认为二十四脉可以约为浮、沉、弦、数四脉，注重辨别疾病的虚实寒热，同时色脉合参，重视皮疹颜色，把气色与脉搏参合分析，使学生明白易晓。其学生尝用之而验者，辨证准确者居多，施药奏效者多数，门诊就医量倍增。

（六）"治未病"——钟老中医整体观的具体体现

钟老"治未病"的学术思想，渊源于《黄帝内经》。如《素问·四气调神大论》云："圣人不治已病，治未病，不治已乱，治未乱。"即强调人在未病之先，就应该注意适应四时阴阳的变化与万物生长收藏的规律进行养生，调摄体内的正气，以预防疾病的发生。所谓"正气存内，邪不可干""精神内守，病安从来"。钟老对前人"治未病"的理论进行了合理的阐发与运用，兹就其内涵略举数端，以就正於同道。

1. 未病先防

《金匮要略·脏腑经络先后病脉证》指出："夫人禀五常，因风气而生长，风气虽能生万物，亦能害万物。"说明人体的生理活动和病理变化与自然界息息相关，自然界正常的气候能生长万物，异常的气候则伤害万物，对人体亦不例外。但是，如果人们能够顺应四时气候的变化，调养精神形体，并能预先避免异气的侵袭，便可防止疾病的发生。所以又说："若五脏元真通畅，人即安和……若人能养慎，不令邪风干忤经络。"《伤寒论·伤寒例》亦指出："春气温和，夏气暑热，秋气清凉，冬气冰列，此则四时正气之序也。"如寒冷性荨麻疹，钟老常在其易发病的冬季到来之前，予患者以玉屏风散合桂枝汤预防之。银屑病常在春秋两季复发，临床嘱其患者提前用药，施以三黄固本汤，使其阴平阳秘，痼疾难发。

2. 有病早治

大凡外邪侵犯人体，多有一个由表入里、由浅到深、由皮毛肌腠到经络，进而入脏腑的传变规律。钟老认为，人若患病，必须早期诊断，早期治疗，及时服药，切忌隐瞒忍耐，抱侥幸获愈的心理，否则常导致沉疴不起。正如《伤寒论·伤寒例》云："凡人有疾，不时即治，隐忍冀差，以成痼疾。"例如蛇串疮，他认为若早期足量用药，正规治疗，即可以预防后遗神经痛的发生。其辨证施治，要紧抓感受毒邪、湿热内蕴、阻滞经脉这一病机特点，早期治疗当从清热利湿、解毒止痛着手，可以预防后遗神经痛的出现；后期因余毒未尽，气血瘀滞，不通则痛，治疗以扶正祛邪、缓急止痛为重点。同时注意病位辨证，皮损在上者多夹风火，皮损在中者多夹郁火，皮损在下者多夹湿火，因此，病位在上者多选普济消毒饮，在中者多用柴胡解毒汤，在下者多选龙胆泻肝汤。又如脱疽初起时，寒凝经脉，早用温阳散寒之四逆散，可防寒邪凝滞，经脉瘀阻，瘀而化热，热盛肉腐，肢溃骨脱的重症发生。

3. 既病防变

钟老训：在治疗疾病的过程中，要时刻注意病情的发展趋向，掌握主动权，以防病邪深入传变。这是先生"治未病"学术思想的又一重要内涵。正如仲景曰："夫治未病者，见肝之病，知肝传脾，当先实脾"。这是运用五行学预测病情的传变和转归，培土健脾，先安未受邪之地，防止病情深入。《金匮要略》云："适中经络，未流传脏腑，即医治之。四肢才觉重滞，即导引、吐纳、针灸、膏摩，勿令九窍闭塞。"这是根据经络学说的理论，及时疏通气血，不使邪气内结，阻碍脏腑功能而加重病情。此两种观点互为呼应，也符合仲景所谓"四季脾旺不受邪""阳明居中，属土也，万物所归，无所复传"的学术思想。钟老勤求古训，师古不泥古，一生行医尤重虚实，顾护正气。在辨证中很注重正气的强弱，在临床中施行"药先于病""先证而设"的未病先防、既病防变的积极措施。认为正气旺盛，邪气就不易侵入，即"正气存内，邪不可干"；只有正气不足，邪气才能乘虚而入，使人体得病，即"邪之所凑，其气必虚"。正气虚弱，邪虽轻须防内陷；正气尚可，病虽重可望有救。正气的强弱是决定人体是否发病的关键，也是发病后能否治愈的关键。因而临床即使辨为实证，也每每略佐益气生津、健脾养肺、补肝滋肾之品，时时顾护正气。治疗中重视扶正祛邪的配合，使之相得益彰，提高疗效。如冬春季节患感冒发热咳嗽者较多，辛凉清解剂中配沙参、麦冬等以养肺保津，疗效很好；系统性红斑狼疮尿频尿急，在清化下焦邪实的同时，加补肾之生地黄、山茱萸，谓之扶正亦可抑邪，甘凉生津，以免滋腻碍湿，效果确比单纯清化好。钟老还指出暑湿病益气养阴，不仅是津气虚弱后才给以滋补，更重要的是预防于气阴亏虚之前。如暑热较甚时要积极清利，选方用药时首先要避免易伤津耗气的方药，如防止大汗发表，过泻伤伐中阳，重剂利尿伤阴，禁用苦温燥烈之品，慎用辛温、苦寒之剂。此即叶天士"务在先安未受邪之地"及吴鞠通"预护其虚"思想的具体体现。如此组方施治，清暑而不碍湿，祛湿而不助热，补气而不过温，养阴而不滋腻，祛邪而不忘扶正，则邪可去而正渐复，验之临床屡获良效。至于正气虚弱的程度如何，辨证中要掌握好分寸，以防犯补之太过或不及之弊。银屑病湿热毒盛证，黄连解毒汤治之。在遣方用药时，勿忘苦寒之品易败胃伤阴，恐有清热除湿解毒劫伤阴液之虞，且热毒之邪亦易耗伤阴液，使血虚生风生燥，肌肤失于濡养，故钟老常加用女贞子、枸杞子、桑葚子、乌梅、白芍、甘草等滋阴生津药以便濡润肌肤、润燥止痒。在服用黄连解毒汤之后，治宜凉血解毒，佐以养阴。方选犀角地黄汤、化斑汤、凉血四物汤、清营汤和凉血五根汤等加减化裁。

三、辨证论治之特色

（一）辨证为要，明晰精练

钟老常曰："辨证为医家第一要务。辨证不明，动手便错。"故临证凡见虚实夹杂，寒热疑似等证时，钟老无不曲运神机，悉心辨证，以洞察出病情的真实原委。综观其医案，无处不渗透着辨证论治的精神。先生淹有众长，自出新意，临证触类旁通，多有巧思，推究病因，细致入微，辨证辨病，抓住重点，疏方遣药，不落俗套；用量或轻或重，恰到好处，令人耳目一新；参以新知，而无斧凿之痕。

1. 追踪病史，明辨始因

中医认识病因是以"因发知受""审证求因"的方法获得的，即是以病证的临床表现为依据，通过分析疾病的症状、体征来推求病因，以此为治疗用药提供依据。但是，任何事物都具有两重性，如果过分强调辨证求因（从症候、体征推求病因），诊治时往往会忽略了致病的原始病因，从而使辨证失去准确性，导致治疗失败。因为只有追踪病史，才能察明始发病因，对疾病正确诊治，特别是对疑难怪病的辨治有很大帮助，甚至起决定性的作用。钟老反复告诫弟子：病因清则病源明，这是治病求本的关键，然后立法选方，使病与方皆相应，才有疗效可言。反之，若病因不明，治疗漫无目的，遣方用药又岂能中的。

钟老临证时确实贯彻了这一指导原则，详细了解致病的始发原因，特别是对一些疑难病和痼疾，每每从追踪病史入手，找到治疗的关键，切中肯綮，一矢中的。如：曾治疗一女患者，李××，34岁，反复唇部红斑、脱屑4年余，省内各大医院均诊断为"剥脱性唇炎"，屡治屡发，钟老在诊病中考虑病位固定，必有诱发因素，仔细追问，得知患者长期使用某品牌口红，使用次数越多，病情加重愈甚，嘱其停用后，口服中药十余剂，痊愈未再复发。

2. 详察标本，分期论治

"知标本者，万举万当，不知标本，是谓妄行"（《素问·标本病传论》）。法尊仲景，详察标本，钟老常告诫徒弟：治病有标本，标本不明，方药何据？犹如草之有根苗，除其苗，根乃存，"野火烧不尽，春风吹又生"！如以邪正言，正气为本，邪气为标，祛邪为治标，扶正为治本；以疾病言，病因为本，见症为标，对症处理为治标，审因论治为治本；以病之久暂言，旧病为本，新病为标，治新病为治标，治旧病为治本；以证候言，急者为标，缓者为本，急则治其标，缓则治其本。临证，亦如其言，标本缓急，法度谨严。如钟老认为变态反应性皮肤病的发生多属先天禀赋不耐，或因表卫不固，汗出当风，外感风寒、风热之邪；或因湿邪内生，蕴结化热，拂郁于肌肤而发病。肺脾与变态反应性皮肤病的发生、发展、预后以及诊治预防等方面关系密切，提出益气固表、健脾除湿、调和营卫是治疗变态反应性皮肤病，特别是反复发作、经久不愈的过敏性皮肤病的治疗大法，选用其经验方三皮止痒汤合玉屏风散治之。三皮止痒汤清热泻肺、疏风止痒，寓有"急者治其标"之意；玉屏风散益气固表、扶正祛邪，藏有"缓者治其本"之功。两方合用具有清解邪气、实卫固表之标本兼治双重功能，故临床每每奏效。

3. 病有定势，治有定方

"看病施治，贵乎精一，盖天下之病，变态虽多，其本则一，天下之方，活法虽多，对证则一"（《景岳全书》）。钟老对景岳之说尤为推崇，认为疾病的发生发展都有规律可循，每一种疾病，必定有它的特殊本质，而决定这种本质的是该疾病特有的一种基本矛盾，并贯穿于疾病的始终。即"凡病各有定体，方各有法度，药各有专能。"十分强调病有定势。如：治疗银屑病时解毒贯彻始终。钟老认为银屑病发病由毒邪引起，病初为阳、为实，宜大量选用清热解毒之品，方选黄连解毒汤加减；病情反复，日久为虚、为燥；反反复复，缠绵难愈，多由余毒未净，星星之火而成燎原所致。选用其经验方三黄固本汤加减。可选用白花蛇舌草，除解毒力量较强外，并具有散结之功；皂角刺是解毒佳品，旨在托毒外出；黄芪益气托毒，正虚邪恋时重用；制首乌养血生津、解毒润燥，为皮损干燥所设；恢复期清理余毒时，可用四妙汤（当归、黄芪、银花、甘草）。同时亦验证了"治有定方"的学术思想，如同类化学药大都有一个基本结构一样，有了此基础，如在其侧链上加减基团，即有可能新药诞生。此法既考虑到病，又照顾到证，治疗专一，加减灵活，疗效肯定，重复性强，易掌握，好应用。

（二）特色辨证，肺脾论治

钟老认为病种繁多是皮肤病的特点，但可循规有序使其辨证从简执繁：第一，从皮肤病的发病部位而言，累及皮毛与肌肉时，由于肺主皮毛、脾主肌肉，辨证时首先要分清病变在皮毛还是在肌肉。一般而言，病在皮毛者，多表露于皮肤之上；病在肌肉者，常隐伏于皮肤之下。病在皮毛者，与肺关系密切，涉及气分为主；病在肌肉者，多属脾脏受累，病涉血分居多。同时，还要注意皮毛与肌肉、气与血之间的关系，不可顾及一面，失掉另一面，要抓住重点，统筹兼顾。第二，从症状来说，皮肤病有痒与不痒之别，风胜则动，风胜则痒，故瘙痒者，多属风邪为患，而风气内通于肝，凡风胜必与肝有关；不痒者，多以湿邪为主，脾主湿，故不痒者治宜在脾。第三，斑疹的具体形态和出现位置也是辨证的要点之一。一般而言，颜色发红者，偏于热；色泽偏淡者，属于湿；局部湿烂流水者，是湿邪为甚；皮肤干燥脱屑等，是血燥生风；位于上半身者，属风邪上受；居于下半身者，为湿邪下注。对于相兼为患者，如湿热互结、风湿同在、燥湿同病等，治宜分清主次。另外，还要注意全身症状及舌脉，特别是局部症状特点不突出者，全身症状及舌脉往往成为辨证的关键。总之，皮肤病多表现为风、湿、热、燥之象，与肺、脾、肝之脏关系最为密切。治疗上，多采用疏风、清热、利湿、养血与宣肺、健脾、疏肝诸法结合应用，根据具体辨证结果，以一法为主，兼施钟老之法。

（三）精通内科，善治妇儿

钟老认为内科既是一门临床课，又是学习和研究中医临床各科的基础，在中医学中占有相当重要的地位。钟老不仅精通皮肤病治疗，而且擅治内科病，尤其对多种疑难疾病有其独到的经验，于理论和临床都有高深造诣，故能处变不惊，得心应手。如治疗慢性肠炎，曾有患者田氏，长期大便稀溏 8 年余，痛即腹泻，少则每日 2～3 次，多则每日十余次，严重时呈水样便，曾多次大便常规检查及培养均未发现细菌、真菌及寄生虫，肝胆无疾患，多方治疗大便却始终难以成形。其舌质淡红，苔薄腻，脉沉细。中医诊断：泄泻（脾虚湿困）。治则：健脾助阳，除湿止泻。方药：参苓白术散加减［党参 15 g、茯苓 12 g、炮姜炭 15 g、仙灵脾 12 g、破故纸 10 g、焦楂 15 g、石榴皮 15 g、佩兰 12 g、藿香 12 g、陈皮 10 g、砂仁 3 g（后下）］。服药后头三天大便基本成形，稍软，但后四天大便稀溏，次数减少，每日 2～3 次，不伴腹痛，食欲略有增加，舌质淡红，苔薄白腻，脉沉细。辨证：脾阳不振，湿困中焦。治则：温阳建中，除湿止泻。方药：参苓白术散加减［党参 20 g、炒白术 12 g、茯苓 15 g、陈皮 10 g、炮姜炭 10 g、破故纸 12 g、车前草 15 g、砂仁 6 g（后下） 佩兰 12 g、石榴皮 15 g］。服上方六剂后，腹泻症状大减，仅偶进食大油荤后大便稀溏 1～2 次，随后即自行停止，不伴腹痛。舌质淡红，苔薄白，脉沉细。辨证：脾失健运。治则：健脾止泻。方药：莲米谷芽汤合参苓白术散加减（党参 20 g、炒白术 10 g、莲米 15 g、炒谷芽 15 g、炮姜炭 10 g、破故纸 12 g、陈皮 10 g、焦楂 10 g、石榴皮 15 g、仙灵脾 10 g），又进六剂，腹泻止，未复发。

按：外感风寒暑热湿等邪气，内伤饮食情志、脏腑失调皆可致泻。然以湿泻最为重要，湿为阴邪，易困脾土，运化不利，升降失职，水湿清浊不分混杂而下，而成泄泻；而内伤中又以脾虚最为关键，脾主运化升清，脾气虚弱，清气不升，化生内湿，清气在下，则生泄泻。故脾虚湿困是泄泻的关键病机。故以运脾化湿为主要治则。方以参苓白术散加减，方中党参、茯苓、山楂健脾益气，佩兰、藿香芳香化湿，陈皮、砂仁理气化湿，炮姜炭、仙灵脾、破故纸助阳除湿，石榴皮涩肠止泻。

小儿患者，先生认为其机体的特点、病机与成人有所区别，认为既有外因接触，又有内因助病，特别多为脾虚失运所致，故凡小儿投药必顾其脾胃。如小儿过敏性紫癜，因本病内有湿滞为其本，邪热引发是其标，气血搏结、灼伤脉络是其果。以疏风、清热、化湿、和血治之，常选参苓白术散合芍药甘草汤加减化裁，用之效果良好，使热清湿化，血归经脉；芍药、甘草酸甘配合，和营缓肝，而安内攘外，则紫癜自退。对于临床之兼证，则可适当加减。但该病极易复发，从病因上分析，当与过敏因素有关，特别是使用激素（阳药）以后易于复发，这可能因为：一是紫癜虽骤然而退，但邪热、湿尚未清退，所以激素类药物一停则发；二是虽为过敏体质，但从中医角度分析，当归脏腑功能失调或不足所致。

又如女子之病，血气为要，冲任为本。血足气旺，任脉通，冲脉盛，经带胎产孕自然正常。所以，历代医家论妇人疾病之治，首重血分，采用寒则温之，热则清之，虚则补之，实则泻之等原则。钟老认为治血必理气，主张妇科以调理气血为主。又妇人血脉，贵乎温通，血得温则行，得寒则凝，若寒邪凝聚，闭塞胞门，导致月经失调者，当温经散寒，钟老常以二仙汤合首乌地黄汤加味主之。妇人以肝为先天，因女性患者多愁善感，情志不畅，肝气常郁，气郁则血滞而常致月经不调、痛经、经闭、崩漏、带下、阴痒等病，于此，钟老又侧重在调肝，以逍遥散增减，灵活运用，肝木郁解而诸郁皆解。

（四）师宗丹溪，独具匠心

钟老师宗丹溪，颇得要领，常曰：丹溪横贯金元诸家之长，深合拎传医治学之道，"皆所以折衷前哲，尤足以救偏门之弊，伟然百世之宗师也。"故对丹溪思想，推崇备至。在对每个病证探讨施治中，每以"丹溪要语""丹溪方法"为规范。然虽推崇，但绝不拘泥。如对"阳常有余，阴常不足"论的认识，有承上启下之创新。如创立了"益气养阴，扶正固本""阴中求阳，阳中求阴"之说。《医学正传·卷一》说："夫阳常有余，阴常不足者，在天地则概乎万物而言，在人身则概乎一体而论，非直指气为阳而血为阴也……正所谓独阳不生，独阴不长是也。"正是在《内经》"阳中有阴，阴中有阳"理论指导下发挥的，这种阴阳互根，共存一体的阴阳一体观，对先生临证遣方，创新其著名经验方—— 三黄固本汤，提供了理论根据，并与后学景岳所述"阳非有余，阴常不足"之论不无渊源关系。他同时指出对经典之作，既要师其法而用其方，又要师其法而不泥其方。

1. 治病扶正，气阴论治

钟老治病，强调匡扶正气、祛御邪气的重要性。在"百病皆生于气"（《内经》）的理论指导下，秉承丹溪"攻击宜详审，正气须保护"（《丹溪心法》）的治学思想，以"学未专精勤可补，治难尽善慎无伤"为座右铭。临证以扶正为本，治疗唯重顾护气、血、精、津。如治疗辨证属实证的皮肤病，反对过用清热凉血、苦寒攻伐之品；清热解毒之时，不忘耗气伤阴之虞；独创三黄固本汤，益气养阴，扶正祛邪；善用玉屏风散益气固表，调和营卫；久病不复从肾论治。肾主藏精，为先天之本。下元一虚，八脉受损。《万病回春》说世人"不知百病生于肾……肾水空虚，不能平其心火……不能胜其肝木……"可见肾虚会造成一系列相互影响的劳损疾病。钟老亦认为年老体弱，久病或大病后失养均可累及于肾，从肾论治能达缓图收功之效。取法景岳之左归、右归，偏于肾阴亏虚者，滋肾补阴，喜用黄精、生地黄、熟地黄、制首乌、玄参、炙鳖甲、枸杞子、女贞子、旱莲草、白芍、山茱萸之类，取义肝肾同源，精血互补，并配牡丹皮、白茅根、谷芽、麦芽等药，起到动静相参，补而不滞的作用。善用温柔通补之法，养阴之时每用淫羊藿、杜仲、补骨脂、菟丝子等药，寓有"善补阴者，必于阳中求阴，则阴得阳助而生化无穷"之意，反之亦然。使阴平阳秘，病愈而安。微量使用肉桂等辛热燥烈之品，以达引火归元，育阴降火之功。温柔通补虽不能俄顷显效，但往往调治获效久长。若阴阳齐损者，则并补肾之阴阳参合而治。

外科疾患，临床以阳证、热证为多，故易伤阴劫液；阴证及寒痰凝聚致疾者也有之，但总属少数。正气不足者，历代医家多认为阴虚而生内热，血虚而生内风，阳虚而生内寒；一般益气之法多用于托毒生肌，钟老这方面则应用较少。钟老认为，外科虽以实热及阴虚内热者居多，其实疾病属气阴两伤者并不少见，运用益气养阴方法每多奏效。《素问》有"少火生气，壮火食气""阳生阴长"之说，对临床确有指导意义。钟老发挥气阴学说在外科中的应用，取得了良好疗效。依据自己在中医外科理论方面的新见解和临床体验，将益气养阴法娴熟应用，发挥淋漓尽致。如对黄褐斑的认识方面，秉承"水亏不能制火，血弱不能华面"的学术思想，系统总结其病因在脏腑上除与传统的肝、脾、肾三脏有关外，还与肺密切相关。其认同：医之别内外也，治外较难于治内何者？内之症或不及其外，外之症则必根于其内也。

2. 养血润燥

本法适用于病程较长的慢性皮肤病，临床表现为皮肤瘙痒、干燥、脱屑、抓痕、结痂、苔藓样变、皲裂等。钟老认为，此类患者素体多阴血亏虚，使肌肤失去滋润濡养所致。血属阴，主濡之，内可滋养脏腑，外可濡润皮肤，当归饮子乃为其对之方。该方药物组成：当归、川芎、生地、白芍、荆芥、防风、白蒺藜、制首乌、黄芪、甘草。

验案举例：黄某，男，80 岁。自诉全身皮肤干燥，伴瘙痒 10 年。患者自 10 年前起，每到入冬季节，双下肢皮肤即出现干燥、瘙痒，进行性加重，近 2 年来逐渐波及全身皮肤，尤以四肢部位明显。曾服用西药治疗效差，现因入冬病情加重而来就诊。查体：全身皮肤干燥，四肢和背部可见抓痕、血痂，舌淡苔白，脉沉弱。诊为老年性皮肤瘙痒症。治以养血润燥、息风止痒。方用当归饮子加减：当归 15 g、川芎 10 g、生地 15 g、白芍 15 g、防风 9 g、白蒺藜 12 g、黄芪 15 g、阿胶 10 g。水煎服，日 1 剂。服药 6 剂后，瘙痒有所缓解，大便干，眠差，四肢仍可见少量抓痕，背部抓痕消退，守上方加入酸枣仁 15 g、决明子 30 g，继服 6 剂。6 剂服完复诊告知，四肢皮肤偶感瘙痒，大便正常，睡眠好转，全身皮肤虽干燥，但未见抓痕及结痂，嘱继续服用首诊方巩固治疗。先后共服药 30 剂，患者症状及体征完全消失，临床痊愈。

按：老年性皮肤瘙痒症是常见的老年性皮肤病。患者以瘙痒为主，无原发皮损，但可见抓痕、血痂，病情以冬季较为严重，甚者影响睡眠和生活质量。钟老认为，此类患者多因年老体虚，气血不足，血不能达于体表，加之冬季气候寒冷，经脉拘急，不利于血液流动，致使皮肤血供下降，失去濡养，从而出现干燥、脱屑、瘙痒不适。老年患者往往祛邪易、扶正难，一味滋阴养血短期内获效不彰，故此类疾病治疗时间较长，可少投辄止。方中四物汤加阿胶滋阴养血润燥，黄芪益气补血，防风、白蒺藜息风止痒，如此配伍药机合宜，故解除了患者数年疾苦。

（五）"脉痹""股肿"，升提治之

血栓性深静脉炎属中医"脉痹""股肿"等范畴。临床多见于老年患者，下肢多发。症见局部肿胀、疼痛、行走时加剧、皮温升高、皮肤颜色改变、局部感觉障碍和浅静脉扩张等局部症状。中气下陷、气虚血瘀是本病的根本所在。钟老治疗"脉痹""股肿"独有心得，效验颇佳。

1. 病机分析

"脉痹""股肿"为中医病名。"脉痹"始见于《黄帝内经》，之后，《金匮要略》等医籍有"血痹"的记载，血气痹阻与经脉痹阻相关，故血痹与脉痹类同，凡以血脉瘀滞为主要病证者，均应属本病。主要表现为患肢疲乏、麻木或疼痛，下肢可见间歇性跛行等为主要表现的肢体痹病类疾病，血栓性深静脉炎亦属中医"脉痹""股肿"等范畴。

年老者脏腑功能减退，素体阳虚，正气虚衰，为阳气不足、多虚多痰多瘀之体。《素问·上古天真论》曰："女子七岁肾气盛齿更发长……五七阳明脉衰面始焦发始堕。"说明人体的衰老是从"阳明脉衰"开始。脾阳虚致中气下陷，升举无力，血液亦随之下陷，导致血液运行不畅，瘀于下肢；脾失健运，运化失司，湿邪下注，瘀滞经脉，阻塞不通，故成脉痹。所以治宜益气升提、健脾除湿，以消病之根源。张介宾曰："气之在人，和则为正气，不和则为邪气。凡表里虚实，逆顺缓急，无不因气而至，故百病皆生于气。"所以疾病的发生与气机的失调息息相关，故云："百病生于气。"《素问·气交变大论篇》："夫五运之政，犹权衡也。高者抑之，下者举之，化者应之，变者复之。"提示我们应用升提的方法治疗下肢疾病和下陷性疾病，是所谓升阳举陷也。王清任明确提出："治病之要诀，在明白气血""元气既虚，必不能达于血管，血管无气，必停留而瘀""能使周身之气通而不滞，血活而不瘀，气通血活，何患疾病不除。"阐明如果气的升降出入失常，气机发生了病变，就会导致血液的运行失常，并确立了气虚血瘀所致疾病，应予以补气、活血、化瘀的治疗原则。气具有推动、温煦和固摄作用，血液的正常运行、敷布有赖于气的推动、温煦和固摄。气虚推动无力导致血液不能敷布而停滞局部从而生湿生痰生瘀；阳气不足，血液失其温煦则凝于局部而生瘀；气虚失固摄，则血液溢于脉外而致局部水肿瘀滞。且气行于右，血行于左，左宜升右宜降，故深静脉炎左侧发病率常高于右侧。所以治疗宜从补气升提、健脾除湿、活血化瘀、通络止痛来论治。钟老言"湿性重浊、趋下，易袭阴位，用升提法可以托下注之湿邪，使其来源减少而病自轻；肺为水之上源，可通调水道以调节一身中水液的分布。"故钟老治疗此病每每用到黄芪、炒升麻、桔梗；钟老认为：湿为阴邪，胶着难化，法宜活血祛湿、化瘀通络。用蜈蚣、川牛膝、鸡血藤、血通、白术、茯苓等药配伍效佳。所以升提法为临床上治疗深静脉炎提供新的思路。

2. 典型病例

患者男，61岁，成都人，于2009年6月10日就诊。自诉：左下肢肿痛，膝关节及小腿发热、发红行走不便。曾于私人诊所就诊，诊断为风湿性关节炎，予扑炎痛、强的松等抗风湿药治疗无效，当地彩超示：左股深静脉血栓形成。现查体：见其左膝关节及小腿处发热、发红，不能行走，动则痛剧。舌质红，苔白腻，脉沉细。证属正气虚弱，湿邪阻遏，气滞血瘀。治宜补气升阳，健脾除湿，活血化瘀，通络止痛。方用自拟升提通络方：黄芪30 g，桔梗10 g，炒升麻10 g，白术12 g，茯苓12 g，黄柏12 g，川牛膝12 g，鸡血藤30 g，丝瓜络10 g，橘络10 g，蜈蚣1条，血通（即大血藤）12 g。每日1剂，分3次口服。1周后二诊，述疼痛症状明显缓解，见局部红肿较前明显消退。效不更方，以上方7剂继续服用，用法同上。半月后三诊症状明显好转。

3. 按语

本例患者年老体弱，气血亏虚，以致机体气血运行不畅，气滞则血瘀，脉络阻遏，营血回流受阻，水津外溢，聚而为湿为瘀，流注下肢故而发本病。方中黄芪补气，补脾升阳；桔梗载水上行；炒升麻有升提之功，总可收托下走之湿邪之效，使之不能下注于下肢，而减轻下肢负担；桔梗引经入肺，调节全身水液分布；"诸湿肿满皆属于脾"，白术、茯苓同用可收健脾除湿之效，从根本上减少湿的来源；黄芪可利水消肿，黄柏可分消下焦之湿热，川牛膝可利水又可载药下行，为下肢

111

引经药，诸药合用，从上中下分消为湿邪找到出路；川牛膝活血化瘀；血通活血止痛，《本草图经》言其"攻血，治血块"，可消血块而达化瘀之效；鸡血藤行血补血，在祛瘀的同时补充血的来源以达攻补兼施。鸡血藤舒筋活络；丝瓜络通络活血；橘络行气通络化痰，"气行则血行"，所以行气可通瘀阻之脉络，湿痰同源，可以从化痰来除湿；蜈蚣攻毒散结，通络止痛，且虫类药最善走窜，中医认为深静脉炎主由气血凝滞、经络阻塞所引起，所以运用虫类药可增强通络之效，从而达到治疗目的。处方精简而明确，从脉痹发病的病因病机各方面入手，标本兼顾，达到了良好的治疗效果。此法的提出为临床工作者提出一个治疗下肢湿、痰、瘀等阴性疾病的治疗思路。

（六）同病异治，异病同治

1. 同病异治

同病异治是中医的一大治疗特色，是针对同一病种出现的不同证候，采用相异的辨证施治的中医治疗方法，可以明显提高临床疗效。如寻常痤疮病因主要是热、湿、瘀，病位涉及肺、脾、胃、大肠等脏腑，世人用药多以清泻肺热，清热解毒，化湿通腑治之。钟老临床根据中医辨证认为本病有如下规律可循：① 肺经风热是寻常性痤疮发病的主要病因之一，治宜清泻肺热。方选其经验方三皮消痤汤加减：桑白皮 15 g，地骨皮 15 g，牡丹皮 15 g，连翘 20 g，白花蛇舌草 30 g，夏枯草 15 g，桔梗 10 g，皂角刺 10 g，白茅根 15 g，黄芩 10 g，浙贝母 10 g，赤芍 10 g。② 寻常性痤疮患者多有素体阳热偏盛，嗜食肥甘辛辣，胃肠积热亦是其主要病因之一，治宜清热解毒，泻肺通腑。方选五味消毒饮加减：金银花 20 g，连翘 20 g，蒲公英 15 g，天葵子 15 g，黄芩 10 g，白花蛇舌草 30 g，薏苡仁 15 g，桔梗 10 g，熟大黄 5 g，皂角刺 10 g，车前草 15 g，茯苓 15 g，夏枯草 20 g。③ 脾虚痰凝是寻常痤疮反复发作，病程日久的主要病机之一，治宜健脾化痰，清热利湿。方选三皮消痤汤加减：桑白皮 12 g，地骨皮 12 g，白术 12 g，桔梗 10 g，皂角刺 12 g，白芥子 10 g，橘络 10 g，连翘 15 g，牡蛎 15 g，郁金 12 g，夏枯草 15 g，丹参 15 g，瓜蒌仁 20 g。④ 病程日久，邪热痰湿瘀血互结，气血不足，易成正虚邪实，气阴不足之势，可致本病旷日不愈。治宜益气养阴托毒。方选玉屏风散合二至丸加减：黄芪 30 g，炒白术 10 g，茯苓 15 g，菟丝子 20 g，牡丹皮 12g，女贞子 20 g，枸杞 15 g，连翘 15 g，白花蛇舌草 30 g，浙贝母 15 g，桔梗 10 g，刺蒺藜 10 g，皂角刺 10 g。可见钟老在本病的治疗中多选健脾益气、解毒化瘀、化痰散结等法，对久病正虚之人勿忘扶正祛邪，体现了同病异治学术思想。钟老在临床辨治时采用同病异治的方法，或治标为主，兼顾其本，或治本为主，兼顾其标，或标本兼治，而治本之中又有偏滋肾阴、偏补肾阳之分，治标则有泻火解毒、化痰散结之别。遣方用药灵活变通，切合病机，故收到较好的临床疗效。

2. 异病同治

异病同治是不同的疾病，在某一阶段出现相同症候时，应采用同样的方法治疗。钟老认为扶正祛邪是治疗反复发作性皮肤病的重要法则，故选方用药时，擅长使用益气养阴之品，为养阴派代表。三黄固本汤是钟老根据多年临床经验总结出来的经验方（药物组成：黄芪、黄精、熟地黄、枣皮、当归、川芎、菟丝子、桑葚子）。临床功效：益气养血，补益肝肾。主治：气血两亏、肝肾阴虚、脾肾阳虚所致黄褐斑、系统性红斑狼疮、脂溢性皮炎、湿疹、银屑病等多种皮肤病。该方在皮肤科的应用非常广泛，充分体现了先生异病同治的学术思想。

（七）外科治疗善用托法

祖国传统医学的外科治疗方法有三：消、托、补。其中托法是一种重要的外科疾病的治疗原则。《外科精要》指出："凡为疡医，不可一日无托里之法，脓未成使脓早成，脓已成使新肉早生，气血虚者托里补之，阴阳不和者托里调之。"托法是中医外科治则的法宝，钟老在 50 余年临床实践中总结出一套完整的应用体系，现总结如下：

1. 益气固表，托毒外出法

根据皮肤疮疡疾病正气内虚的不同，给予扶助正气，调其营卫，托毒外出之法。常选用的药物有黄芪、党参、防风、白术等。常选用玉屏风散加减化裁。方中重用黄芪益气固表；防风祛风走表；白术健脾益气。黄芪配白术大补肺脾之气，补益中焦使脾胃健旺，以资气血之源，气旺表实，腠理致密，则正不外泄，邪不内侵，少用防风走肌表而祛风邪，使补中兼疏。黄芪乃升阳举陷第一要药，方中重用黄芪，辅以白术，后者擅长益气健脾，使中焦脾胃振奋，运化实施，脾气上升，托水谷

113

之清气上行，气机升清降浊得以健全，以达升阳举陷之功。诸药合用，有益气固表、升阳举陷之功效。凡皮肤病证属气虚卫外不固，瘙痒不止或中气下陷者，均可选用玉屏风散。这也是中医同病异治、异病同治的精髓所在。钟老运用玉屏风散加味治疗慢性荨麻疹、慢性湿疹、过敏性紫癜、顽固性痤疮、复发性丹毒、扁平疣、激素依赖性皮炎、皮肤血管性疾病等病程慢性、反复发作、经久不愈的皮肤病，多有奏效，临床验证了玉屏风散具有益气固表、升阳举陷、托毒外出的功效。

总之，皮肤病虽有阴阳、气血、脏腑之分，寒热、虚实、表里之别，但多有瘙痒之症，为风邪所为，即所谓"无风不痒"。玉屏风散药味虽少但配伍精当，具有安内攘外，散中寓补，补中兼疏，使补不留邪，散不伤正，堪称组方精良之代表。钟老临床经验表明，玉屏风散临床施用可取三重功效：其一，能培土生金，补肺益脾，资助宣发卫气，输布津液于皮毛，达到卫气温煦、充身、实表、泽毛的功效；其二，通过宣发卫气，益气固表，提高和增强机体正气，"正气存内，邪不可干。"防止疾病再发；其三，通过宣发卫气，顾护"玄府""气门"之开合，有吐故纳新之功，使体内无病邪停留之处。

2. 扶正祛寒，温阳托毒法

脱疽症，钟老认为，其病因主要是寒邪凝滞经脉。发病早期单侧下肢末端皮肤发凉，自觉怕冷，皮肤发白，小腿麻木，易误诊为风湿痹症。随着寒邪闭阻，经脉阻滞，"通则不痛，痛则不通"，疼痛逐渐加重，出现间歇性跛行。寒邪郁而化热，瘀血亦可化热生火。脱疽病人脉象有以下特点：若趺阳脉消失，腘窝动脉停止跳动，说明血栓栓塞部位高；血栓未完全栓塞动脉，临床往往表现为交叉脉象，即右足患病，左手脉沉细；左足患病，右手脉滑数。所以本病中期出现经脉失养，后期热盛肉腐，病情逐渐进入坏死期，这是脱疽病规律性发展趋势。中西结合治疗脱疽可取得满意疗效。特别是中医辨证分期治疗，无论在提高疗效、缩短疗程，还是在保存肢体、解除病人疼痛症状和避免残疾等方面均充分显示了优越性。

脱疽早期治疗是关键，针对本期病机是寒湿阻络，治宜温经散寒，活血通络。方选当归四逆汤。本病中青年男性多发，中医认为本病的发生与素体存在阳气不足，尤其是肾阳不足有关。而后者又分为先天素体阳虚和后天房事过度而肾阳亏损两种,结合患者本人具体情况可用阳和汤,加用熟地、鹿角胶、白芥子等温肾阳通经络,祛腠理之痰。必要时可先用麻黄与熟地配伍,此乃温经通络上品。"血得热则行",故选用温通法。"病痰饮者,当以温药和之"。中期血脉瘀阻,以活血通络为重,治法中融入"化瘀通络""溶栓"之意。方选抵挡汤。方中水蛭、虻虫有肝素样作用,配伍蜈蚣、丝瓜络、血木通,减少血小板凝聚,有较好的溶栓作用。特别是肢端发冷,皮色呈枣红色,皮温不高者,更适合选用。此期治疗注意点:寒邪常夹湿为患,湿为阴邪,其性重浊、趋下,黏着难去,治法中必须体现除湿通络原则。后期湿热毒盛,局部溃疡脱疽,肢体坏死,治疗强调凉血化瘀,对那些血栓未完全栓塞者,可用养血活血通络法:养血促进新鲜肉芽组织生长;活血可使坏死组织尽快脱落。忌用活血化瘀之品,一味活血化瘀有恐加重病情。因为湿热蕴阻,酿生毒邪,活血通络,经脉怒张,使毒邪易于走窜,故除凉血化瘀外,宜清热解毒除湿,方选四妙勇安汤加减,可使坏死停止,尽可能保住患肢,减少伤残,减轻疼痛,缩短病程。方选钟老经验方:银花藤 200 g,当归 50 g,甘草 20 g,玄参 120 g,土茯苓 30 g,黄柏 15 g,紫花地丁 10 g,皂角刺 15 g,血通 6 g,蜈蚣二条,丝瓜络 15 g。脱疽病人最大的痛苦是疼痛,研究表明本病病灶局部都有血管痉挛,所以选方用药时可套用芍药甘草汤(白芍 30 g,甘草 10 g),缓急止痛;香木通行气,血木通活血,行气活血止痛;若舌质红,可配伍白芍、生地黄酸甘化阴,酸甘止痛。口干舌质红者用养阴通络法,可选用制首乌、玄参濡润血管,生肌解毒,提高机体免疫力。四妙勇安汤中的玄参用意亦在此。除此之外,钟老认为血栓栓塞性疾病,中医治疗时勿忘升降法,使血栓松动。血栓栓塞位置低时选用升降法,高时此法慎用,以免造成心肾血管栓塞。

脱疽外治法方面,钟老认为:如果有坏死出现,无论干性坏死或湿性坏死,不能用丹药。原因有二:① 脱疽创面仅有清水、血水等渗出,无脓液,丹药乃提脓化腐之品,不适用。② 脱疽创面不能刺激,否则会引发剧烈疼痛,曾有病人使用丹药换药后抱足"跳舞"、痛苦不堪,应引以为鉴。久病气血亏虚,神疲乏力,面色苍白,患肢痿废不用,下肢活动受限或障碍,治疗强调扶正祛邪,方选十全大补汤。关于本病手术治疗,血栓可通过股动脉造影或下肢血管彩色多普勒检查等找到,但因血体与血管壁紧密粘连,易损伤血管壁,取栓手术失败率高,故通常不提倡，临床治疗仍然以溶栓为主。

3. 托里生肌，扶正托毒法

钟老认为，慢性溃疡的病因病机是湿热下注，湿邪蕴肤，久而化热，蕴阻经络，热盛肉腐发为本病。湿热下注，蕴阻肌肤，经脉阻滞是本病病机要点。治疗应内外结合。内治早期宜清热除湿解毒，活血通络。解毒驱邪乃治则根本。方选四妙散加减。日久脾肾受损，精血化生不足，肌肤失养，络脉不畅，毒滞难化，其病缠绵难愈。后期以扶正为重，活血生肌，托毒外出。体虚之人避免使用苦寒之品。此期治疗原则：益气托毒，养阴解毒。方选托里消毒饮，湿重时去熟地黄。方中四君子汤益气健脾除湿，体现淡渗利湿法。同时加用土茯苓、浙贝母，后者寓有除湿化痰散结之意。

湿热下注，蕴阻肌肤，经脉阻滞是本病病机要点。所以除湿解毒同时，勿忘通经络，活气血，目的在于有利于湿邪的走散。可选用丹参、鸡血藤、蜈蚣、僵蚕等。气虚下陷，湿邪下注，湿热邪毒难去是本病后期缠绵难愈的根本原因。扶正托毒宜重用黄芪，可多达 120 g，不必顾虑有湿邪，因为黄芪益气补虚，补而不遏湿。丹参、川芎行气活血；橘络活血行气、通络，应用广泛，全身各个部位均可选用；丝瓜络有象形通络之功，四肢、乳房病变时可选用，四肢病变多选用桑枝。后期溃疡久不愈合，创面有淡色渗液流滋者，多为气虚不能固摄，固摄无权所致，不可见水即为湿，选用清热利湿之品，以免利湿伤阴，多采用健脾除湿法，方选参苓白术散去莲米、扁豆，加黄芪、川芎、橘络、丹皮、黄柏、丹参。其中皮温高加用黄柏、牡丹皮；黄芪益气解毒；丹参、川芎行气活血。下肢病变可加用木瓜，加强通络作用。木瓜加养血之品，体现养血通络法则；木瓜加除湿之品，体现除湿通络之功。

慢性溃疡病在内治的同时，可采取外治法。初起局部红肿疼痛，用金黄散外敷。溃破脓水，创面渗湿多者，用二柏散（黄柏、黄连）煎汁冷敷。肉芽高起，用生理盐水外敷，可抑制肉芽生长。疡面脓腐附着，用九一丹或八二丹飞沫外用，祛腐生肌。

总之，托法常用的代表方剂有仙方活命饮、托里消毒饮、银花解毒汤、神功内托散等。托法所用药物以补药为主，活血祛邪之药佐之，或者芳香之药行其郁滞、或加温热之药御其风寒。药方的配伍体现了中医扶正祛邪法则在外科学上的具体运用。若有脓成肉里，深藏筋骨不能透达，则可用清热解毒药如银花、紫花地丁、蒲公英、连翘、丹皮、蚤休、败酱草、知母等。其中银花能消疽疗毒；连翘为疮家圣药；紫花地丁主一切痈疽发背、疖肿、无名肿毒。化痰散结药常用的如天花粉、生牡蛎、僵蚕、玄参、贝母、白芥子等。花粉尤善于排脓、消毒、生肌长肉；生牡蛎化痰软坚散结；芳香透达常用的药如白芷、升麻、桔梗、木香、陈皮、麻黄、防风、柴胡、桂枝、羌活等。温阳药常用的如附片、鹿角胶、肉桂、炮姜等。养阴药常用生地、沙参、天冬、麦冬、女贞子、石斛、龟板、鳖甲、百合、知母等。利湿药常用茯苓、猪苓、车前草（仁）、白茅根、赤小豆等。穿山甲、皂角刺为代表性的重要透毒药，穿山甲能通经脉、消痈肿、排脓血，皂角刺性锐利直达疮所，为痈肿、疖肿未溃之要药，二药合用，走窜快，透脓易，坚块漫肿者借其流动窜透作用，也可消散其凝滞。

（八）理法圆通，方药奇正

钟老临床遵循"理宜精，法宜巧，方宜平，效宜稳"和"辨证要准，立法要稳，选方要精，用药要轻"的医家真言，临证"药味少，用量少，价格廉，疗效好"，不泥古方，灵活变通。他认为经方时方，均是前人的经验结晶，方之所贵，不是拿古人成方原封不动地去治病，而是主张因时、因地、因证、因人随机而变，所谓"既不失古人立方本意，又不拘执于某一成方，避免机械搬用古人用方，失于灵活。"通过数十年的实践，钟老借鉴经方之精炼，时方之轻灵，机圆法活，通常达变，每于临床皆有心得和发挥。先生创立的经验方（三皮止痒汤、三皮消痤汤、三黄固本汤等）均为理法精巧圆通，方药平正效奇，被患者称为"花钱少，治大病"的楷模。

积五十余年的临床经验，尤其精于辨证论治，钟老常说：辨证论治的精髓在于审症析机，治病求本。世未有无源之流，无根之木，澄其源而流自清，灌其根而枝乃茂，无非求本之道。故《内经》云："治病必求其本"，但谨守病机是关键。因此钟老非常强调立法组方，务要根据具体病情，因人因证制宜，并针对病机，灵活善变，不可机械死板，应审时度势，法活机回，病有动变，则随证求治，总以切中病机为要。

在辨证论治的基础上，钟老有所发展创新，提出以局部病变为核心的辨证论治，在诊治中既重视西医化验检查，将之作为诊断参考，又不囿于西医检查诊断的束缚，而是西为中用，始终用中医的理论去分析、判断和立法选方。如对系统性红斑狼疮病人，常借助西医检查手段，帮助明确诊断，借以弄清病情所处活跃期、好转期和静止期；对于狼疮性肾炎无症状期，更是重视西医生化指标，借助化验检查，使中医有证可辨，将辨证论治引向微观化，西为中用，发展中医。

钟老诊治疾病一方面注意围绕病变局部，据脉知里，辨病与辨证相结合，同时强调中病即止，防止克伐太过，耗伤胃气。所谓"药不能自行，胃气行之""有一分胃气，便有一分生机""脾胃为后天之本"即是此意。因此对一些急性实热性疾病，苦寒药物常常是速用速止、点到为止，不犯虚虚实实之虞，以防变生他病。其调理辨证，则也多以胃气为重，肝肾为本，通过调和营卫达到脾胃气强，采用益气养阴达到顾护正气。即便是实证驱邪，也应当攻中有守，维护正气。若只知病不见人，单纯以祛病邪为务，而忽视正气，则可能导致正气大伤而病邪愈炽，以至不治。

（九）取象比类，触类旁通

《易传·系辞传》说："立象以尽意，设卦以尽情伪。"象的本质是意，意是事物发展的根本规律。中医的"整体观""辨证论治"是对疾病内在规律的高度概括，人体各脏腑、人与自然都因为这种规律联系在一起。取象比类，其实就是通过"象"，启发思维、掌握规律，从而解决实际问题。这种思维广泛运用于生活实践，而中医则是根据这种思维，建立了完整的理论体系。浅层次的是中药性能的总结与验证，如："诸花皆升，诸子皆降""以皮治皮""麻黄其形中空散寒邪而发表，其节中闭止盗汗而固虚"；而深层次的则是对理法的探讨，如"五行""阴阳""虚实补泻"等中医基础思维的构建。这种思维方式目的是为临床实践提供线索，但并非一成不变，是一个被证明与被淘汰的过程。钟老把这种思维运用于临床，主要集中在三个方面：① 辨气血阴阳；② 识气机升降；③ 明正治反治。

阴阳为天地之道，万物纲纪，而人与天地相应。《素问·阴阳离合论》提到"阴阳之变，其在人者，亦数之可数"，故辨病之要首在辨气血阴阳。日中阳气盛则天地皆明，故舌质多红；阳气盛则水气蒸发，田地枯裂，故舌质多干；夜中则天地皆暗，则舌质多淡；雾露俱下，则舌体多肿胀。钟老根据人与天地相参的规律，形成了自己质朴简约的辨证思维，首辨舌象以辨阴阳：舌红为阳、舌淡为阴；苔燥为阳，苔润为阴；苔少为阳，苔多为阴。次辨脉象以辨气血盛衰：脉盛为阳、脉弱为阴；脉弦为阳、脉弱为阴；脉细主诸不足。这种思想构成了钟老辨证的核心思想，也为其"气阴双补，重在养阴"的学术思想奠定了基础。

气机是维持人体正常功能的关键，疾病的产生无不伴随着气机异常。《素问·举痛论》："余知百病生于气也，怒则气上，喜则气缓，悲则气消，恐则气下，寒则气收，炅则气泄，惊则气乱，劳则气耗，思则气结"。维持气机的正常是维持机体正常的关键，而人体在气机方面与自然世界融为一体。春生夏长、秋收冬藏，天地与人体融为一体，故有"春夏养阳、秋冬养阴"之说。春夏万物生长，阳气生升，在内贵在培补肝肾（如三黄固本汤），以滋化源，如渠水之灌溉；在外之客邪，宜导之下行（如白茅根、车前草），如雨露之润下；秋冬万物潜藏，阳气内敛，在内重在清补清润（如二至丸），防止阳郁而热，如冬雪之润下；在外重在扶正固表（如玉屏风散），防止寒邪闭郁，如落叶之覆盖。湿邪困阻，气机不通，如沼泽之泥淖，当化其湿（如藿香、佩兰）、开其闭（如菖蒲）、导其流（如薏苡仁）、培其土（如茯苓、炒白术）。

临证治病，病象错综复杂，寒热真假难辨，治疗上如难取效，可借助取象比类思想，以明确病机。人之经络与地之山河，人之皮毛与地之草木，皆是相类相通。如舌体淡胖、脉象沉细之疗疮，健脾化湿久不取效，当思田中之沟渠，沟渠不通，则水湿泛滥于田中，治不在田而在沟渠，故健脾化湿当佐以通络之品（如川芎、鸡血藤），如腐物阻塞沟渠，壅遏化热，又当解毒（如银花、连翘）。阳虚并非不可解毒，阴虚并非不可补气，重在剖析其内在病机，而取象比类的方法，可为中医理论造模，让其更为清晰明了。

取象比类，目的是让临证思维更加清晰、灵活，其重点在探讨疾病之病机，为临床治疗提供思路。清宣肺气利水之提壶揭盖法、通降腑气之釜底抽薪法等皆是取象比类的最好例子。取类比象不仅源于自然,更源于生活,把气血津液上行比喻为人登楼爬高,不仅要自己体能充足,更当有人前拉后推,丢掉包袱,方能事半功倍。钟老在临证中也体现出"补、升、通、固、泻"的思想,如面部皮炎类疾病,其常用熟地、制首乌以固其本;桔梗载药上行;鸡血藤、川芎通络;黄芪、防风固表;桑白皮、白茅根引邪热下行。寓法于方,皆得其理,中医的灵魂也在于其灵动性。

(十)古方新用,融会贯通

中医的古方、经典方剂是中华民族在漫长历史长河中智慧和经验的结晶。后人在研读古籍,钻研古方、经方精髓的同时,更应该从根本上对其进行分析传承和创新。尤其是要结合现代药理研究,对其方义进行揣摩,在临床中进一步验证,以达到最佳的运用。钟老在古方泻白散的基础上,依据中医"肺合皮毛"的观点,创新出内治方"三皮消痤汤",广泛运用于多种皮脂腺分泌异常的皮肤附属器疾病中,如痤疮、脂溢性皮炎、脂溢性脱发等;而由此创立出的"三皮止痒汤"广泛运用于多种肺经风热证的瘙痒性皮肤病中,如湿疹、面部皮炎、脂溢性皮炎、神经性皮炎、荨麻疹等。钟老对于"芍药甘草汤"的运用,更是源其对"痒为痛之渐,痛为痒之极"的深刻理解。钟老将该柔肝止痛的内服方药,运用在气阴不足证的瘙痒性疾病中,同时结合芍药味酸,甘草味甜,酸甘化阴,精血同源的观点,创立"酸甘止痒"法。

皮肤病的治疗强调内外同治,吴师机言"内治之理即是外治之理,所异者法耳"。钟老谨遵古训,古方新用,融会贯通。他灵活地将《金匮要略》中治疗胃肠湿热呕吐的"大黄甘草汤"灵活加减,运用于多种皮肤病的外治中。治疗中最大创新点在于对甘草的用量上,钟老使用大剂量的甘草入煎剂。甘草具有肾上腺皮质激素样的作用,大黄对于多种革兰氏阳性菌、革兰氏阴性菌和真菌有良好的杀灭作用。临床上钟老运用大黄甘草汤灵活加减,用于治疗急慢性湿疹、不同表现的手足癣、寻常型银屑病、神经性皮炎等。"二乌散"系治疗头痛的内服名方,在《医统》卷六十一中记录显示:全方包括川乌、草乌(俱用童便浸,炒去毒)、细辛、羌活、黄芩、甘草六味药。本方主治眉棱骨痛,兼有风病、风热二气,攻于太阳等经,头脑作痛。川乌、草乌统称乌头,味辛苦、性温,有大毒,归心、肝、脾经，功效祛风除湿、散寒止痛。现代药理研究乌头碱有镇静、镇痛、降压、扩血管、局部麻醉的作用，川乌总碱对各种致炎剂的致炎作用及免疫性炎症均有明显抑制作用。细辛味辛，性温，归心、肺、肾经，功效解表散寒，祛风止痛，通窍，温肺化饮。现代药理研究其有明显的解热镇痛、镇静、抗炎、免疫抑制、抗变态反应、扩血管的作用，其挥发油有局部表面麻醉的作用。甘草性味甘平，有益气补中，清热解毒，祛痰止咳，缓急止痛，调和药性的作用。现代药理研究其有类似肾上腺皮质激素样作用，甘草浸膏和甘草甜素对某些毒物有类似葡萄糖醛酸的解毒作用。使用二乌配伍等量的甘草，甘草与二乌同时先煎 1 小时再下余药，既消减了二乌的毒性，又可益气和中，缓急止痛，上药同用相得益彰。钟老古方新用"二乌散"在冻疮、雷诺氏病及肢端型硬皮病、动脉硬化闭塞症坏死期、红斑狼疮关节损害等治疗中。

（十一）外治同内，融贯众长

《理瀹骈文·略言》曰："外治之理即内治之理，外治之药即内治之药，所异者法耳"，指出了外治法与内治法治疗机制相同，只是给药途径不同。钟老亦认为外治法是中医辨证施治的另一种体现。外治法常用的方法有药物疗法、手术疗法和其他疗法。其中药物疗法主要包括膏药、油膏、箍围药、草药、掺药等；手术疗法主要包括切开法、挑治法、结扎法、挂线法等；其他疗法如引流法、针灸法、熏洗法、溻渍法、熨法等。钟老在中医外治方面有其独到的见解、研究和创新，自创治疗白癜风的白癜酊，治疗银屑病的白疕软膏、祛银擦剂，治疗黄褐斑、痤疮的面膜等在临床上深受病员欢迎。现将钟老皮肤病外治经验总结如下：

1. 药浴疗法

钟老认为药浴疗法是中医外治法的重要方法之一，是在中医理论指导下，选配一定的中草药经煎汤、浸泡、洗浴全身或局部，以达到治疗疾病和保健、养生、美容目的的常用疗法。先生主要从益气养阴、止痒润燥，清热解毒、除湿止痒，养血活血、温经通络，清热解毒、软坚散结，行气活血，滋补肝肾以及养精祛斑七大方面进行辨证施治。若患处皮肤干燥，层层鳞屑，皲裂疼痛，粗糙增生，苔藓样变，常选用生何首乌、当归、黄芪、桑葚子等益气养阴、止痒润燥；若患处皮肤潮红肿胀，丘疹水疱，糜烂流滋，瘙痒结痂，常选用苦参、地肤子、蛇床子、白芷、陈艾叶、野菊花等清热解毒、除湿止痒；若患处结节、囊肿，常可选用夏枯草、芒硝、虎杖、白花蛇舌草、芒硝等清热解毒、排脓散结；若患处紫红肿胀，遇冷疼痛加重，常选用红花、川乌头、陈艾叶、桂枝、细辛、当归、乳香等养血活血、温经通络；若患处皮肤赘生物，瘙痒或无自觉症状，常选用马齿苋、木贼、香附、乌梅、五倍子、蜈蚣、全蝎等清热解毒、软坚散结等。

验案举例1：王某，女，30岁，患扁平疣2月余。查体可见面部散在浅褐色的扁平丘疹，表面光滑，高出皮肤，境界明显，自觉轻度瘙痒，舌质红，苔白，脉弦。脉证合参，治宜疏肝柔肝、凉血活血、解毒散结。方用木贼20 g、香附15 g、白芷15、乌梅15 g、板蓝根30 g、红花15 g、地骨皮15 g、苍术15 g、贯众15 g、千里光30 g、夏枯草30 g，水煎取浓汁，温热药水擦洗患处，每日2次，每次5分钟。配合口服中药，4周后患者复诊，面部疣体基本脱落。

按： 本病多有肝亢血燥、卫外不固，风热毒邪侵袭，阻于经络，客于肌表而成。气血不和，脾湿内蕴，常致病情迁延难愈。外洗方中板蓝根、贯众、千里光清热解毒，凉血止血止痒；木贼、香附发散肝胆风邪，夏枯草平肝软坚散结，红花理气活血，化瘀通滞；白芷疏风止痒，改善色素沉着；地骨皮、乌梅、红花对于剥脱皮损效佳。诸药合用，直中病机。

验案举例2：郭某某，男，18岁，银屑病。现皮损干燥，头面躯干四肢泛发点滴状红斑丘疹，上覆大量鳞屑，皮损伸侧较多较厚，诉瘙痒难忍，皮肤粗糙，皲裂疼痛。舌质暗、苔白腻、脉弦细。辨证为血虚生风生燥，肌肤失养所致。外用宜益气养阴，止痒润燥。方用生首乌20 g、地骨皮15 g、当归20 g、白芷15 g、马齿苋20 g、黄精15 g、大黄15 g、红花15 g，水煎取浓汁，浸泡患处，每日1~2次，每次30分钟，7日为1个疗程。配合中药口服，2周后复诊显效。

按： "肤如疹疥，色白而痒，搔起白皮"是对白疕形象的描述。本病多因素体营血亏损，血热内蕴，化燥生风，肌肤失养而成。患处皮肤瘙痒干燥，层层鳞屑，皲裂疼痛，粗糙增生，属血虚风燥，肌肤失养。方中马齿苋、大黄、白芷清热凉血解毒；红花、地骨皮对于剥脱皮损效果甚佳。

2. 针灸疗法

钟老在皮肤病外治方面还擅长运用火针、温针等针灸疗法。火针疗法是将特制的针，针尖用火烧红，迅速刺入人体的一定穴位或部位以治疗疾病的一种针刺方法。火针有温经通络、祛风散寒的作用。火针在《内经》中称为"燔针""焠刺"，主要用治筋骨痹痛之证，其后有称其为"烧针""白针"等。火针在皮肤科的应用甚广，可以用于多种疾患，且疗效显著。如用毫针、火针治疗带状疱疹：许氏用 26 号 1.5 寸毫针置酒精灯上烧红，迅速刺入疱疹后并立即拔针，每个疱疹上点刺 1 针，并涂上紫药水。又如便携式电子火针治疗外科病：接通电源，打开电子火针治疗仪指示灯，手持火针针柄，指按开关待火针针头部发热发红后操作。将火针对准病变中心部位迅速烧灼至基底部。治乳头状瘤时先用镊子将乳头状物往外牵拉，再将火针烧红横放，从根部切割，数秒钟即可割除，徐氏用此法治疗寻常疣、色素痣、乳头状瘤、扁平疣、角化瘤、皮脂腺瘤、鸡眼等。又如鞍钢火针治疗有色痣和疣：采用鞍钢自动化所研制的直径为 0.5、1.0、0.25 毫米三种型号的火针，将针头在灯上烧红，迅速烧灼患部，几秒钟后离开，反复进行，直至完全烧损。又如火针温通法治疗斑秃：取穴阿是穴、肾俞、肝俞。阿是穴用三头火针，后两穴用单头火针，局部消毒后将烧红的火针对准穴位快速点刺。

温针是在应用针法的同时加以温热刺激的一种疗法，使热通过针体传入体内，达到治病的目的。如用温针治疗皮肤瘙痒症，皮肤瘙痒症指原发性皮肤损害，而以瘙痒为主的一种疾病。中医学称之为"痒风""风瘙痒"，认为皮肤瘙痒症是由于素体表虚血热，风热侵袭，遏于肌表，不得疏泄，或血虚肝旺以致生风化燥，肌肤失养所致。瘙痒常发生于入睡前，精神紧张或气候变化，饮酒或食辛辣刺激性食物后诱发或加重瘙痒，发作时常难遏止，此起彼伏，甚至可遍及全身。轻者坚持不抓而可忍耐过去，重者猛烈搔抓，甚则抓破皮肤出血痒痛才止。由于长期搔抓，全身皮肤遍布抓痕，出现血痂、色素沉着或苔藓样变。局限性瘙痒一般以肛门、阴囊、女阴多见，也可见于头皮、下肢、面部、外耳道及掌跖等处。局部经常搔抓，皮肤可出现浸润、肥厚等病变。临床辨证为风燥血热和血虚风燥两种类型，风热血燥证型以青壮年多见，病程较短，睡前及被褥太暖时瘙痒，皮肤干燥、脱屑。舌淡红，脉浮数或滑数。血虚肝旺证型以老年人多见，病程较长，情绪波动或气候变更，易引发瘙痒。皮肤潮红，皲裂，可伴有头屑、便结。苔薄质红，脉细数。皮肤瘙痒症总的治疗原则以养血祛风为主。风燥血热者，宜疏风和表，清热凉血；血虚肝旺者，宜祛风润燥，养血平肝。局限性瘙痒症多湿热内蕴，宜清利湿热。同时可采取温针疗法治疗，主穴：曲池、合谷、风门、血海、膈俞、足三里；配穴：风燥血热加风池、太溪、三阴交，血虚肝旺加肝俞、太冲。

学 术 传 承

川派中医药名家系列丛书

钟以泽

黄 莺

黄莺（1962—），女，四川乐山人，1985年毕业于西南医科大学（原泸州医学院）中医系，学士学位，毕业后分配在成都中医学院附属医院（现成都中医药大学附属医院／四川省中医院），从事中医外科（含皮肤科）医疗、教学、科研工作30余年。主任医师／教授，硕士研究生导师，原皮肤科副主任，四川省第四批名中医，四川省第五批老中医药专家学术经验继承工作指导老师，首届全国中医药传承高徒奖获得者。为"钟以泽名医工作室"中医学术思想、临床经验与技术专长继承人。现任世界中医联合医师学会理事，卫生部科研项目评审专家，中国中西医结合学会变态反应专业委员会湿疹专业组委员、医学美容专业委员会第一届中医美容专家委员会常务委员，中国中药协会皮肤病药物研究专业委员会常务委员，中国整形美容协会医学美学设计与咨询分会第一届皮肤管理专业委员会委员，中国中西医结合学会皮肤性病专业委员会教学研究学组委员，四川省中医药学会中医外科，皮肤科专家委员会副主任委员，四川省医疗保障评审专家，四川省医疗事故鉴定委员会委员，四川省药品注册现场核查员，四川省食品药品安全监测评审认证中心保健食品化妆品评审专家，四川省医学会皮肤性病专业委员会委员，四川省中西医结合学会皮肤性病专业委员会常务委员，四川省医学美学与美容专业委员会美容中医专业学组委员，四川省医师协会整形与美容医师专科委员会委员，成都市中西医结合皮肤性病专业委员会副主任委员，成都中西结合学会常务理事。主编或参编医学论著9部，包括英文版中医走出去文库《中医皮肤病病案》，新世纪全国中医药高职高专规划教材《中医外治技术》《皮肤外科学》，新世纪全国高等医药院校规划教材《中西医结合皮肤性病学》《现代中医感染性疾病学》《现代美容医学》等。发表学术论文100余篇，SCI文章一篇。负责或参与国家级、省部级和校级课题16项，包括《钟以泽临床经验整理与传承的研究》《益气养阴法对人体免疫系统的影响——三黄固本胶囊治疗系统性红斑狼疮前后患者血清白介素8和白介素10的变化及意义》《不同针灸方法治疗带状疱疹优势方案筛选的临床研究》《火针的优化治疗方案研究》《中药面膜验方对脓疱型痤疮临床疗效及免疫调控机制研究》，国家"十二五"科技支撑计划《提高中医疗效的"病证结合"临床示范研究》，《基于核心病机治疗寻常型银屑病的临床研究》《针灸治疗慢性荨麻疹疗效评价研究》。《火针疗法治疗结节性囊肿性痤疮的临床疗效评价及操作规范研究》获得四川省人民政府三等奖。擅长纯中医、中西医结合或中医内外治结合治疗湿疹皮炎、顽固性银屑病、特应性皮炎、小儿及老年人皮肤病、损容性皮肤病（激素依赖性皮炎、敏感肌肤、痤疮、黄褐斑、脱发）、日光性皮炎、神经性皮炎等瘙痒性皮肤病，（细菌、真菌、病毒）感染性皮肤病、性传播性疾病及皮肤肿瘤、红斑狼疮、硬皮病、皮肌炎等皮肤科疑难杂症。

米雄飞

米雄飞（1963—），男，四川绵阳人，主任医师。1986 年毕业于泸州医学院后就职于遂宁市中医院，从事中医临床工作，1990 年 1 月在成都中医药大学临床医学院／成都中医药大学附属医院外一科工作，分科后曾在西外、中外、急诊外科工作，2004 年重建医学美容科后至 2018 年一直担任医学美容科主任，2009 年 6 月担任临床医学院／附属医院采供部部长，2014 年 12 月轮岗担任医务部部长，2016 年开始担任成都中医药大学附属医院皮肤科主任。四川省名中医，第四批全国名老中医专家钟以泽教授学术继承人，钟以泽全国名老中医药专家传承工作室负责人。目前担任四川省老年医学皮肤专委会主任委员，四川省中医药信息学会色素性专委会副主任委员，中华中医药学会皮肤科分会第四届委员会委员，四川省医师协会第三届美容与整形医师分会副会长，四川省医师协会美容与整形医师专委会副主任委员，四川省美容整形协会美容外科分会常务委员，中国医师协会美容与整形医师分会第五届委员会委员。

从事临床、教学、科研工作 30 余年，在 2015 年首届"四川好医生·成都"评选活动中荣获"四川好医生"荣誉称号，临床工作中继承与发扬钟以泽教授学术思想，擅长运用益气养阴法，对中医外科、皮肤科较多疑难病症的诊治有独到见解和研究，擅长治疗黄褐斑、白癜风、痤疮、湿疹、荨麻疹、过敏性皮炎、带状疱疹、银屑病、脱发、系统性红斑狼疮及各种色素性疾病等。同时承担了高等中医药院校医学美容教材编写工作，著有《中医美容学》《现代美容医学》

《医疗美容技术》等著作，积极开展教学临床讲座，对教学工作认真负责，教学效果良好。在科研方面，负责了一项省部级与一项省中医局课题，主研一项省中医局和一项院级课题，分别为《名老中医临床经验、学术思想开发与应用基础研究》（2012JY0128），《川派中医名家钟以泽主任医师的学术思想及临床经验研究》（2014D010），《滋阴清热法对女性阴虚质青春后痤疮患者白细胞雄激素受体基因调控研究》（2012-E-049），《时间医学指导下的慢性荨麻疹发病昼夜节律规律临床观察》（2017-D-YY-11）。善于总结，交流学术论文10余篇，主要有《钟以泽运用托里透毒法治疗痤疮的学术思想》《中药内服配合调Q755激光治疗颧部褐青色痣疗效观察》《论风热袭肺证与肺经风热证的临床之变》《从三因制宜新论"春夏养阳，秋冬养阴"》《论中医学天疱疮病名》《托里消毒散结合卡介菌多糖核酸注射液治疗尖锐湿疣的临床研究》《凉血消银方治疗进行期寻常型银屑病（血热证）疗效观察》。担任美容科主任期间，坚持发展科室新技术、新业务，引进色素激光、激光脱毛、光子祛斑嫩肤等技术，让科室发展上了一个新台阶。兼任医院行政工作以后，坚持临床第一，让医学美容科的规模发展、经济效益有了飞跃进步。任皮肤科主任期间，调动全科室人员的积极性，增强凝聚力，发挥中医药特色，将传统疗法、中医中药与现代科学技术三者有机结合，探索总结出了自己独特的实践经验，使皮肤科的诊疗水平不断提高，在西南地区医疗市场中形成了自己独具特色的技术优势，为医院皮肤科和中医药事业的发展做出了较大的贡献。

严晓萍

严晓萍（1968—），女，副主任医师，本科毕业于成都中医药大学，毕业后1990年至1993年，分配至重庆市九龙坡区二中医院任住院医师。1993至1997年在成都市中医药大学附属医院皮肤科任住院医师。1994年3月至1994年9在马边县彝族自治县中医院下乡锻炼。1997年至2008年于成都中医药大学附属医院任主治医师。2007年1月至2007年7月，在四川省皮肤病研究所进修。2008年至今于成都中医药大学任副主任医师。兼职四川省女医师协会皮肤科专委会常务委员、中国整形美容协会中医美容分会理事、四川省中医药信息学会色素专业委员会及四川省美容中医学会委员。师从著名中医钟以泽主任，传承钟以泽思想精华，掌握中医药经典理论，并能结合现代医学最新进展，对湿疹、银屑病、带状疱疹等常见病、多发病具有独到的见解；对皮肤慢性溃疡、结节性痒疹、系统性红斑狼疮、硬皮病、天疱疮、银屑病（红皮病型、脓疱型等）疑难、难治病也积累了丰富的临床经验。能熟练运用针灸、挑治、割治、贴敷疗法、中药化腐清创术、中药等专科常规疗法，还能进行技术难度大、疗效肯定的火针、自血疗法、穴位注射、皮肤疣体包埋术、挑治、割治等操作；并能采用中医七星丹、皮粘散、金黄散、丹药外用及贴敷、熏蒸等中医外治法以及使用红光治疗仪、黑光治疗仪、中药熏蒸机等医疗设备综合治疗。

程宏斌

程宏斌（1977—），男，中共党员，博士研究生，硕士研究生导师，主任医师，师承四川省名中医钟以泽主任医师，成都中医药大学附属医院派驻资阳市雁江区中医医院院长，四川省第六届拔尖中青年中医师，四川省学术和技术带头人后备人选，四川省医学会第六届医学美容与美容专业委员会委员、四川省中西医结合学会第六届皮肤性病专业委员会副主任委员、中华中医药学会中医美容分会第五届委员会委员。专攻中医药防治皮肤病的基础与临床研究以及中药药理毒理药效学研究。对免疫性大疱性疾病如红斑狼疮、天疱疮、大疱性类天疱疮、干燥综合征提出了中医药干预三阶段疗法；对各种面部皮炎、激素依赖性皮炎、皮肤垢着病、脂溢性脱发、斑秃提出了身心同治法，运用中医药治疗均具有非常显著的疗效，积累了丰富的经验；对多个病种方面提出了自己独到的见解，如针对带状疱疹目前辨证论治方面的不足，发表了《从中医古籍角度试论蛇串疮病因病机》文章，系统总结了蛇串疮病因病机；通过整理古文献，首次发现古人并无带状疱疹后遗神经痛病名及相关论述，发表了《试析蛇串疮及后遗神经痛证治的古今差异》，首次提出该病中医理论认识和分型论治，而不能简单以气滞血瘀概括。任职以来承担科研课题共计10余项，其中《慢性湿疹证型分布规律的文献及临床研究》《凉血除湿祛风法治疗慢性湿疹急性发作期患者临床研究》《二味拔毒散结合火针加艾灸优化治疗蛇串疮神经痛的临床研究》等课题担任项目负责人，《名老中医临床经验、学术思想开发与应用基础研究》《滋阴清热法对女性阴虚质青青后痤疮者白细胞雄激素受体基因调控研究》等项目为第2主研。共发表科研成果论文共计37篇，包括全英文SCI收录1篇。针对钟老学术思想发表了《钟以泽治疗带状疱疹后遗神经痛经验介绍》《试论钟以泽主任医师自拟三皮消痤汤的组方精义及痤疮验案》《钟以泽运用托里透毒法治疗痤疮的学术思想》等论文。

李春霄

李春霄（1981—），女，硕士研究生，主任医师，成都中医药大学长学制导师，四川省医保专家库专家。毕业于成都中医药大学中医外科专业皮肤病方向，毕业后在成都中医药大学附属医院皮肤科工作至今。现任中华中医药学会外治分会委员、美容学组委员，中华中医药学会皮肤性病分会委员、湿疹学组委员，中国中医药研究促进会中医全科与养生分会常务委员，四川省中医药信息学会全科医学专业委员会常务委员，四川省中医药信息学会色素专业委员会常务委员，四川省中医药学会中医外科·皮肤科专委会委员，四川省老年医学会皮肤科分会委员。研读中医古籍，深谙中医治疗皮肤疾病之精髓，师从名中医钟以泽教授及黄莺教授，为钟以泽四川省十大名中医工作室继承人，黄莺教授四川省第五批老中医药专家师承继承人。四川省中医药管理局第六届学术及科学技术带头人后备人选。

对痤疮、黄褐斑、脱发等损容性皮肤病，皮炎湿疹等过敏性皮肤病，疱疹、疣等病毒性皮肤病、银屑病、红斑狼疮等免疫性皮肤病治疗颇有心得，擅长把针灸疗法运用于多种皮肤病中。在临床工作中，运用周期循环疗法治疗痤疮、黄褐斑，运用序贯疗法治疗脱发、多种反复发作的瘙痒性皮肤病，运用取象比类法治疗黄褐斑、白癜风及瘙痒性皮肤病取得了满意的疗效。负责及参与了国家十二五科技攻关课题、支撑计划课题及省部级、厅局级、院校级课题10余项，在国家期刊杂志上发表及大会交流文章20余篇，其中SCI 10篇，为国家中医牛皮癣临床指南修订执笔，撰写皮肤科相关专著 4 部（其中人民卫生出版社出版的"英文版·中医走出去文库"系列图书之"皮肤病案卷"任中文副主编）。参与本科生课堂教学工作，研究生、进修生、规培生、实习生、留学生临床带教工作。

李 煜

李煜（1982—），男，2007 年于成都中医药大学附属医院皮肤科就职，全国第六批师带徒随钟以泽学习，成为其中医学术思想、临床经验与技术专长继承人。2010 年于上海华山医院皮肤科进修学习。2017 年对口下乡支援四川省苍溪县中医院皮肤科。以第一作者发表学术论文 5 篇，参研省级科研项目 3 项，院基金主研 1 项。擅长治疗痤疮、急慢性湿疹、银屑病、带状疱疹、扁平疣、神经性皮炎等皮肤科常见疾病，以及慢性荨麻疹、白癜风、脱发、斑秃、黄褐斑、面部皮炎、复发性生殖器疱疹、复发性尖锐湿疣、慢性皮肤溃疡、免疫性皮肤病等慢性皮肤病的治疗。

伍景平

伍景平（1976—），女，重庆永川人，中国共产党员，中医外科学硕士，副主任医师，现任成都中医药大学医学美容科科主任，从事中医、科研和教学工作，曾多次外出进修和参加国内各种专业培训学习。1998 年 7 月至 2003 年 7 月在成都中医药大学临床医学院完成大学本科学业，2003 年 7 月至 2006 年 6 月顺利完成成都中医药大学中医外科学研究生学习任务，取得硕士研究生学历。毕业后至今于成都中医药大学附属医院医学美容科任职，期间：2011 年 12 月受聘主治医师，2012 年任医学美容科副主任（主持工作），2015 年 12 月晋升为副主任医师，2013 年于北京黄寺整形美容医院脱产进修半年，2015 年任四川省美容整形协会理事，2018 年任四川省美容整形协会面部整形与修复再生分会副会长，2019 年 6 月任医学美容科主任。具有扎实的中医皮肤美容诊疗知识，擅长病种包括：黄褐斑、雀斑、太田痣、褐青色痣；各型痤疮、敏感性过敏性疾病；扁平疣、睑黄瘤、汗管瘤、粟丘疹、肥胖；光电联合治疗各种色斑、红血丝、疤痕、毛孔粗大、皱纹、面黄；微创除皱、瘦脸、隆鼻、玻尿酸填充；各种复杂眼袋、单眼皮、上睑下垂、腋臭等整形美容。

2015 年成为四川省中医药管理局学术和技术带头人后备人选；2017 年成为十大名医钟以泽全国第六批传承人。发表外文 SCI 文章 1 篇，影响因子 3.63，发表各类级别文章 20 余篇上，承担参与国家级、部省级、厅局级、院校级课题 10 余项。

论著提要

川派中医药名家系列丛书　钟以泽

一、论 文

1.《慢性胆囊炎与痰饮》(《成都中医学院学报》1981 年第 5 期)

《慢性胆囊炎与痰饮》是钟以泽老师 1981 年发表在《成都中医学院学报》的文章,全文从病位、病因、病理、治疗等多个方面阐述慢性胆囊炎与痰饮的关系。慢性胆囊炎是一种常见病、多发病,病程长、易复发,临床上以右胁部疼痛不适、腹胀、嗳气、厌食油腻、胃脘部灼热等为主要表现。慢性胆囊炎是临床上胆囊疾病中较常见的一种。现代医学认为,本病多因结石刺激、细菌感染、病毒性肝炎、化学性损害、寄生虫及急性胆囊炎迁延等引起,萎缩性胆囊炎和胆源性胆囊炎亦属此范畴。西医一般采用解痉止痛、控制感染、利胆、手术等治疗。本病属于中医"胆胀""胁痛""黄疸"范畴,祖国传统医学对本病的治疗有较好疗效,钟老在此文中结合临床,总结出一些经验。

从病位上:钟老认为慢性胆囊炎病位不仅仅在于胆,肝与脾胃与之关系紧密。慢性胆囊炎属祖国医学"胁痛""胆胀"等范畴。肝位于右胁下,胆附于肝,肝胆经脉相连,互为表里。胆汁生于肝,协助肝脏发挥疏泄作用。肝藏血,胆藏精汁,而精、血实源于水谷之精微在气的作用下化生而成,注之于肝,肝受其血之濡养才能司其正常疏泄之职。然水谷之精微又赖胃之受纳、腐熟,脾之运化、转输,故前人有"中焦受气取汁,变化而赤是谓血"之说。同时肝气宜升,胆火宜降,然非脾气之上行,则肝气不升,非胃气之下行,则胆火不降。所以肝胆能司其正常之职,必赖脾胃之气机升降及运化功能的正常。

从病因上:钟老认为,慢性胆囊炎多以内伤为主,同时不应忘记内伏之邪气——痰饮。常见的病因有七情内伤,肝气郁结,疏泄功能失调,气机阻滞或饮食不节,滋味太过,脾胃受损,脾胃升降功能失常。气结则脘部、胁下痞满不舒而作痛,火随胃气上逆则嗳气、嗳酸、恶心。临床也多从疏肝理气、清热利胆、肝胃合治等法治疗,这是符合中医辨证施治原则的,也确有一定效果。但反复发作,久不能愈的并非罕见。钟老认为,虽然因情志变化或饮食不节常可诱发本病,然此一时之情志变化或饮食失节未必然能使气机骤然闭塞而发病。同时临床观察,多数病员并非因暴躁或暴饮暴食后而发病,故其反复发作必然早有邪气内伏，新旧邪气互结而作。钟老认为此内伏之邪气为痰饮。

从病理病机上：古人认为痰的生成与肺、脾、肾有关而与脾最密切，故有"脾为生痰之源"之说。脾气散精，主运化，若脾气虚弱或脾胃升降功能失常，运化功能减弱，水谷精微不能正常运化，则聚而为痰。《医宗必读》说："脾土虚弱，清者难升，浊者难降，留中滞膈，瘀而成痰。"张景岳说："夫人之多痰，皆由中虚使然。"而慢性胆囊炎多由肝的疏泄功能失调，直接影响脾胃的消化吸收，或饮食不节而损伤脾胃，导致脾胃虚弱或脾胃升降功能失常，故临床见有脘部、胁胀痛绵绵，口淡无味，恶心欲吐，厌油等湿邪中阻之征；有脘、胁胀闷，嗳气、嗳酸、纳呆、面色失华，倦怠无力等脾胃虚弱、升降失常之象，由于中土虚，运化功能减弱，则水湿停聚，留滞为痰，故在病理上二者有相同之处。而痰之为病，无所不至，如《杂病源流犀烛》说："痰之为物，流动不测，故其为害，上至巅顶，下至涌泉，随气升降，周身内外皆到，五脏六腑俱有。"《类证治裁》记载："痰在肺则咳，在胃则呕，在胸则痞，在胁则胀。"因此慢性胆囊炎其病在胆，其源在脾胃，而反复发作不愈，实为痰饮内伏作祟之故。

从治疗上：虽然临床上用疏肝理气、清热利胆法治疗，症状可得缓解，然而钟老认为，此"痛随利减"，治其标也，但未涤除内伏之痰饮，未能治其本。同时利之过，气血耗，中土伤，健运失，痰饮非但不能除而易生，更造成病邪缠绵焦灼之弊。在治疗上，仍应本着标本缓急，以急则治其标，缓则治其本的原则。待标证解就应以治痰为要，则以健脾和中、通阳散滞、涤饮化痰之法，此即"调其中、自和平"亦即正本清源之意也。钟老临床上自拟"调中利痰汤"为基础方，随证加减用于临床，常用瓜蒌、薤白、法夏、厚朴、云苓、陈皮、砂仁、白芍，收到一定的疗效。方解：方中瓜蒌性寒而滑润以化痰散结；薤白性温而通阳，以下气散滞，此一寒一温而通阳散滞，豁痰下气。法夏、厚朴、陈皮、砂仁等温药相配，此宗"病痰饮者，当以温药和之。""理气而痰自顺"之旨，以燥湿化痰，理气和中；伍以云苓健脾除湿，俾中焦之气化运行正常，湿痰无由生，脾胃之升降自若，而痰自消；佐以白芍酸收，养血敛阴，以制诸药温散之性，免耗伤气血，同时白芍又有柔肝缓急止痛之功，以上共组成方，其温而不燥，行而不散，通而不泄，达气机条畅，津液流通，决无痰饮之患，而收其治病求本之效也。胃脘痞闷、胀满者，则加鸡内金、麦芽以醒脾和中消积，头晕、短气、舌质红、脉沉细者，则加参麦散以益气养阴；右上腹固定胀痛，舌有淤斑者，则加丹参、郁金、川芎以活血化瘀通络；疼痛剧烈者，则加金铃、延胡行气活血止痛。

慢性胆囊炎是临床常见多发病，常反复发作，缠绵难愈。临床上常见的病因有七情内伤，肝气郁结，疏泻功能失调，气机阻滞或饮食不节，滋味太过，脾胃受损，病机主要是气机失调、肝郁脾虚、中正失衡、肝阴不足，但是往往未给予到内伏之邪气——痰邪以足够的重视，钟老的此文给临床医生开拓了新的思路，疏肝理气，清热利胆，不忘涤除内伏之痰饮，故能治标又治其本。

2.《治疗血栓闭塞性脉管炎的体会》（《四川中医》1982 年第 6 期）

血栓闭塞性脉管炎，中医称"脱疽""脱痈""脱骨疽痈""足疽""截足风""十指寒落"等，本病好发于中青年男性，可引起坏死致残等严重后果。钟老在本文中从病因病理、症状及治疗等几方面对该病进行了较为系统的阐述。

就病因而言，钟老总结历代医家古籍并结合自己多年的临床观察，认为本病是以脏腑（脾肾）为本，寒湿外侵为标。任何疾病的发生都离不开"正""邪"双方的较量，正气不足是发病的根本原因，邪气侵袭占重要地位。脉管炎一病也是如此。《洞天奥旨》中："人身气血周流于上下，则毒气不聚结于一处。火毒聚于一处者，亦乘气血亏也。脱疽之生，比四余之末，气血不能周到也，非虚而何？"就强调了脏腑亏虚在发病中的重要地位。中医认为，肾阴肾阳乃人体一身阴阳之根本，若肾阳不足，不能温运脾土，脾失健运，则不能传精于百脉，气血不能布达四肢，气血不足，无力抵御外邪入侵，寒湿乘虚而袭，血行受阻，气滞血瘀而发"脱疽"。此外，外因也参与了本病的发生发展。《增订治疗汇要》说："此症发于手足大指（趾）……此由膏粱厚味积毒所致，或因……丹石热药，火蕴脏腑，积毒骨髓而成……又有大寒冒雪，复冰受寒……"可见，嗜食膏粱厚味，外用丹石热药，或有受寒史等，均可成为发病的外因。这其中，寒湿之邪是诱发本病的重要外因。

就临床表现而言，西医认为本病分为三期：局部缺血期、营养障碍期、组织坏死期。而祖国传统医学早在《灵枢·痈疽篇》："发于足趾，名曰脱疽。其状赤黑，死不治；不赤黑，不死。不衰、急斩之，不则死矣。"指出本病好发于足趾，临床表现多色赤黑，预后较差。《外科正宗》："凡患此病，多生于手足，手足乃五脏枝干，疮之初生，形如粟米，头便一点黄泡，其皮犹如煮熟红枣，黑气浸漫，相传五指，传遍上至脚面，其疼如汤泼火燃，其形则骨枯筋练，其秽异香难解，其命仙方难活"一段，详细描述了本病的发黑、疼痛、脱落等特征，并指出本病多预后不良。因此钟老认为，本病早期诊断、早期治疗十分重要。凡现肢体疲惫，麻木紧胀，下肢怯冷，指（趾）苍白或潮红，跌阳脉、太溪脉减弱即提示患本病的可能。若足发凉，出现间歇性跛行，足部颜色潮红或紫红，下垂时色加深，抬高下肢变苍白，跌阳脉、太溪脉微弱或消失，即可诊断为本病。

据多年临床经验，钟老认为经脉阻闭，气血凝滞是发病的病理基础，因此在治疗时必须贯穿一个"通"字，并根据致瘀之因不同，采用不同的通法。

寒滞型：表现为肢凉喜暖，腿胀麻痛，遇冷加剧，步履跛行，肤色苍白或腊黄，跌阳脉减弱，苔薄白，脉沉细或迟。治则：温经散寒，活血化瘀。方药以当归四逆汤加减：当归 30 g、桂枝 12 g、白芍 15 g、血通 12 g、细辛 6 g、香通 12 g、熟地 20 g、白芥子 10 g、红花 12 g、黄芪 30 g、干姜 15 g、牛膝 15 g。方中当归、桂枝、白芍、细辛、干姜温通肢端，散寒止痛；血通即大血藤，香通即土沉香，合红花三味活血通络；活血易耗血伤气，以黄芪、熟地益气养血；白芥子发挥透皮剂作用，牛膝引药下行并能强筋骨。诸药合用，温通血脉。

瘀阻型：表现为患肢凉，刺痛，皮肤干燥，趾甲生长迟缓或变形，足部潮红或暗红，遇冷变青紫，抬高患肢变苍白，下垂则暗红，小腿反复出现游走性结节或索状物，红肿灼痛，压痛明显，跌阳脉明显减弱或消失，舌质红或紫暗，舌边多瘀点，苔厚白，脉弦或细涩。治则：活血化瘀、通脉止痛。方药以四妙勇安汤合抵当汤加减：黄芪 60 g、当归 50 g、银花藤 30 g、玄参 15 g、乳香 6 g、红花 12 g、桃仁 12 g、水蛭 6 g、土鳖虫 10 g、牛膝 15 g、酒军 15 g。此中重用黄芪使气盛，则能帅血，能达四末；瘀久易化热伤津，故佐以治热毒炽盛之脱疽的经典方四妙勇安汤，滋阴清热，防患于未然，易金银花为银花藤，清解之力减，而通络之功增；并能辅佐活血化瘀药以增其效，"脉道以通，气血乃行"。更以虫药入方中，破血逐瘀通络。全方共奏活血化瘀之效。

湿火型：表现为局部肿胀，色紫红或紫黑，喜凉怕热，灼热剧痛，入夜尤甚，不能平卧，多伴趾端溃疡、坏死，脓多而奇臭，严重者全身发热，食欲不振，便秘溲赤，舌质红绛，苔黄腻或黄燥，脉弦数或滑数。治法：清热除湿，凉血解毒。方药以五神汤合萆薢渗湿汤加减：银花60 g、蒲公英60 g、黄柏15 g、萆薢15 g、苡仁30 g、土茯苓30 g、乳香6 g、丹皮12 g、牛膝15 g、赤小豆24 g。气血瘀滞，久而化热，寒邪郁久也从热化，此时邪毒炽盛，治疗应以攻其邪毒为要，避免新的瘀血形成，故选用大量清热解毒之品以求速灭其火毒，控制炎症的进一步发展。钟老认为，尽管气血瘀滞贯穿整个病程，但此时不应过分强调活血化瘀，以防毒邪随血行扩散，引发血栓、菌血症等严重后果。疼痛剧烈者，可加入大剂芍药甘草汤（白芍30 g　甘草30 g）以缓急止痛。

气血两虚型：此型多见于疾病后期之恢复阶段。患者多自觉患足隐痛，小腿肌肉萎缩，皮肤干燥脱屑，创面久不愈合，肉芽暗红或淡红，面色苍白或萎黄，腰酸无力，舌质淡、苔薄白，脉沉细或细数。治则：补益气血，活血通络。方药以顾步汤加减：党参30 g、黄芪30 g、当归20 g、鸡血藤30 g、水蛭6 g、白芍20 g、牛膝15 g、红花12 g、桃仁12 g。虽然本病病因方面以脏腑之虚为本，但临床表现多为实证，因而在治疗上不宜过分强调补虚，以免闭门留寇加重经脉瘀滞。

上述四型，实乃本病的病理演变过程。寒凝可致血瘀，瘀久可化热伤津，气血渐虚。至于本病治疗中存在的剧烈疼痛问题，钟老在90年代发表此文时即认为只有从根本上祛除各种致瘀因素，改善和恢复气血运行畅通才是唯一的有效解决办法。在复发问题上，强调要保护局部、戒烟、起居有节等。

3.《乳痈阳转阴证治验》（《四川中医》1989年第12期）

乳痈多实证。常法下清热解毒太过，反而容易导致肿块坚硬日久不散。钟老于80年代末发表的该病例，提醒我们用药一定要辨证，既要辨局部，也要与辨全身相结合，如此才能做到有的放矢，不至延误病情。

一女性患者一月前出现右乳房肿胀疼痛，皮肤红肿灼热，伴头痛身痛，恶寒发热等。在当地治疗，皮肤红肿消退，全身症状消失，然右乳房肿硬结块，疑为"恶变"，拟行手术。因患者拒绝，故求治于钟老。查：右乳房微肿，微痛，不红不热，按之有6 cm×4 cm大肿块，质硬，不活动。舌质淡，苔薄白，脉沉。钟老四诊合参后，认为此乃乳痈初期，过用寒凉，致气血结滞，阳证转阴。治宜温阳化痰，养血活血，软坚散结。处方：阳和汤加减。方药：麻黄 10 g，熟地、白芥子、仙茅、仙灵脾、当归、鳖甲各 15 g，黄芪、鹿角霜各 30 g，桔梗、莪术、枳壳各 12 g。服上方 6 剂，肿块明显缩小。照方增减服 16 剂而愈。继以十全大补丸调理善后。

阳和汤出自《外科证治全生集》："夫色之不明而散漫者，乃气血两虚也；患之不痛而平塌者，毒痰凝结也。治之之法，非麻黄不能开其腠理，非肉桂、炮姜不能解其寒凝，此三味虽酷暑不可缺一也。腠理一开，寒凝一解，气血乃行，毒亦随之消矣。"本案中并未用肉桂、炮姜解寒凝，概此患者非阴疽，乃过用寒凉所致。明代医家杨清叟早已指出乳痈初发切不可过用寒凉，"初发之时，切不宜凉药冰之，盖乳者血化所成，不能漏泄，遂结实肿核，其性清寒，若为冷药一冰，凝结不散……"乳液乃血液精华所化，"血得冷则壅滞"，故治疗时当慎用寒凉药。钟老用鹿角霜、麻黄、白芥子、仙茅、仙灵脾温阳化痰，佐以熟地、当归养血活血，再辅以鳖甲、莪术软坚散结，使阴转阳和，结滞得解，肿块平复。肿势消退后，又以丸剂善后巩固疗效，以期缓图。

辨证论治，重点在辨，辨时当思，思而有虑，虑而后谋智出。钟老为我们辨证论治此类疾病提供了一个很好的思路。

二、临床专著

1.《TCM Case Studies：Dermatology（中医病案教育系列：皮肤病）》"英文版中医走出去文库"图书（人民卫生出版社 2014 年 12 月出版）

本书是针对国际中医学生的中医皮肤病学教材，根据国内近几十年内的医学文献和作者的临床经验编写而成。本书的主编为黄莺教授，顾问钟以泽教授。本书具有以下特点：

1）理论分析与实践相结合

本书共 13 章，涉及 37 类皮肤病，以成都中医药大学附属医院皮肤科治疗的真实病例为案例，详细叙述临床表现、脉象、病因、治疗方案和药物，并做了详细的讨论。

2）章节结构合理，适宜初学者

该书每一章节结构如下：① 前言概括该疾病的病名、临床特点、发病群体、病因病机。② 举出真实病例，涵盖年龄、发病时间、主诉、现病史、现在症、既往史、专科检查、理化检查。③ 以问题的形式提出诊疗思路，如该病例的主要特点是什么？该病诊断如何与相似疾病鉴别诊断？该病例局部用药如何选取？④ 对病例进行辨证分析、鉴别诊断、提出诊断。⑤ 该病例的临床治疗，包括中医治法、处方用药、方解、外用药等。⑥ 该病例的复诊情况。⑦ 临证备要，结合本例实际情况，对本病或本病例需要注意的点作出强调。⑧ 问题与思考以及问题的参考答案。

这种以具体病例为切入点，分析某类疾病的方式，避免了单纯理论学习枯燥的弊端，使初学者有更加感性的认识。初学者对于一个具体病例可能较难提出问题，本书创意性地主动提出问题，解答问题，以加深学习影响。

3）图文并茂，描写生动，真实可信

皮肤病的学科特点使图片更能直观地反映病情和治疗情况。本书大多数病例加入了该病例的真实照片，部分疾病更有治疗后的图片做前后对比，能直观地反映中医治疗的疗效。比如在黄水疮一章中，治疗前图片显示一名 1 岁 11 月大的儿童诊断为湿疹，面部大片结痂、渗出。经中药口服、中药湿敷 1 周后，复诊照片显示原有结痂大部消退，仅余 3 处米粒大小痂壳。这两张照片直观地反映了黄水疮的皮损特点和中医治疗该疾病的良好疗效。

4）临证备要，启发思考

本书针对的人群——国际中医学生，可能对中国文化、中医文化理解不深，从而难以掌握每一个疾病的重点，临证备要的设置，可直观地将章节中的核心点呈现给读者。

如猫眼疮的临证备要提出该病的诊断要点：猫眼疮发病急，病情进展快，能及时正确诊断是该病诊疗的关键。临床中注意其发病急骤，有复发倾向，并注意寻找其典型的虹膜样或靶样红斑，该病便不难诊断。

皲裂疮的临证备要举一反三地提出治疗皮肤皲裂、干燥的外用中药：当归、黄芪、黄精、白及、桃仁、菟丝子、桑葚子。

黄水疮的临证备要指出：该病治疗中常选用清热解毒、清热利湿之药，但此二类药物常易耗伤气阴，损耗胃气。而此病患者多为小儿，小儿稚阴稚阳，脏腑娇嫩，运用峻猛药物时气阴、胃气更易受损。所以在临床处方时选用药物不可过分峻烈，剂量不可过大，且应在处方中适量加入顾护气阴、胃气的药物。

冻疮的临证备要提出了中药"透皮药"：冻疮虽为皮肤病，但病变常涉及皮下组织、血管。采用外用药物泡洗，在选取温经活血药物的同时，应酌加"透皮药"，以使外用药物穿透皮肤，进入皮下组织。而中药里往往性味芳香的药物具有透皮的功效，如桂枝、细辛、白芷、透骨草、川椒、干姜等。另外一些矿物质药物同样具有透皮功效，如芒硝、冰片等。

5）突出基础，强调创新

本书中大量内服中药选取了经典方剂：四君子、参苓白术散、七宝美髯丹、玉屏风散等补益剂，消风散等治风剂，龙胆泻肝汤等清热剂。

除此之外，还介绍了钟以泽教授针对各种皮肤病的经验方。如治疗湿疮、接触性皮炎的"三皮止痒汤"，功可调和营卫、益气固表、补肺益脾。治疗痤疮的"三皮消痤汤"，认为寻常痤疮病因主要是热、湿、瘀，病危涉及肺、脾、胃、大肠等脏腑，用药多以清泻肺热，凉血消风，化痰散结为首选。治疗阴血内热型免疫损伤疾病的"三黄固本汤"，钟以泽教授认为阴虚内热是自身免疫性疾病的基本病机，益气养阴解毒法是治疗的基本大法。三黄固本汤全方仅由黄芪、黄精、熟地黄、当归、女贞子、枸杞子、菟丝子、桑葚子8味药组成。在配伍上更是本着药味少而精当，将中医学基础理论寓于方中，可益气养阴解毒，临床上广泛应用于气阴不足，阴虚内热证。

6）巧用外治法

因为皮肤病的临床特点，"外用药可直达病所"，所以本书在多章节介绍了具有中医特色的外治法，体现了"内病外治"的特色。

如在蛇串疮章节介绍了"二味拔毒散"：以白矾30 g、明雄黄6 g研磨成粉混合备用，临证以茶水调成糊状外敷患处。

在黄水疮章节中介绍以清热解毒中药湿敷疮面治疗糜烂结痂：以苦参、黄柏、马齿苋、蒲公英各30 g，水煎，取药液冷湿敷，每日两次。

在冻疮章节介绍以"马勃散"治疗起疱、渗出的冻疮疮面：以马勃碾细末，经高压灭菌备用，先将患者双足趾水疱挑破，再以马勃散贴敷创面，以消毒敷料包扎，2日1换。以二乌煎治疗手足末端冻疮：川乌15 g，草乌15 g，大黄15 g，艾叶 20 g，桂枝 15 g，川椒 15 g，细辛 10 g。水煎外泡双足，每日两次。以食盐拌炒中药熨烫治疗寒冷性脂膜炎：若冻伤部位为大腿等不方便中药煎汤外泡的地方，可用以下方法治疗：以白芷 20 g，川乌 15 g，草乌 15 g，艾叶 20 g，桂枝 15 g，川椒 15 g，细辛 10 g，以上诸药切成细小片段，以食盐 500 g 伴炒，炒至白芷由白色变为焦黄色，用布包食盐及药物，趁热放于患处热敷，每日三次。第二次使用时可用微波炉将食盐及药物加热继续热敷。

2.《成都中医药大学名老中医药专家学术经验选编》（人民卫生出版社 2017 年 10 月出版）

《成都中医药大学名老中医药专家学术经验选编》中某篇章简要记述了钟以泽教授的成长历程、学术精粹和临床经验。

钟以泽教授学术思想以中医整体观为核心，临床灵活运用中医辨证施治，重视人体的津、精、气、血；擅长运用益气养阴，扶正祛邪治疗法则治疗皮肤顽疾；四诊辨证时，尤其重视脉象，根据脉象变化，直视病机之要；选方用药时，擅长使用益气养阴之品，为养阴派代表。钟老所创三黄固本汤亦是养阴派的代表方剂。钟教授训："司外揣内"的辨证方法是中医学整体观念的集中体现。中医整体观认为，人体以五脏为中心，通过经络贯通联络内外上下，形成一个有机整体。当体内受到某种刺激时脏腑功能发生异常变化时，便可通过经络的传导作用而反映于相应的体表部位。从中医外科的角度而言，它与内科的区别在于除了系统辨证外，还需要局部辨证。因此，在"藏居于内，象见于外"的整体观念指导下，通过长期而反复的临床实践，要不断总结出各种"司外揣内"的辨证方法。

临床经验部分介绍了钟以泽教授治疗系统性红斑狼疮、硬皮病、皮肌炎、周围血管疾病、银屑病、皮炎湿疹、带状疱疹、黄褐斑、白癜风等疾病的经验，也细致分析了钟以泽教授自创的经验方，如消银软坚汤、三皮消痤汤、三皮止痒汤、三黄固本汤等代表方剂。

学 术 年 谱

川派中医药名家系列丛书　钟以泽

● 1938 年 1 月 24 日　出生于四川省内江县世医之家。

● 1957 年 9 月　考入成都中医学院医学系。

● 1963 年 10 月　本科毕业后分配到成都中医学院附属医院中医外科从事教学与临床工作。

● 1976 年 3 月　就职于成都中医药大学附属医院中医外科、皮肤科。

● 1976 年 3 月—1976 年 9 月　在西安医学院皮肤科进修半年。

● 1986 年 9 月　四川省科学技术协会授予省科协优秀学术论文奖。

● 1988 年　破格晋升主任医师。

● 1989 年　主持成立中医疮疡科。

● 1989 年 1 月　中华全国中医学会四川分会授予优秀论文一等奖。

● 1990 年　任中医外科硕士导师

● 1991 年 9 月　四川省科学技术学会授予省科协优秀学术论文奖。

● 1992 年　"化腐生肌丹工艺改革"获省科协技术三等奖，主研的"外伤灵治疗创伤研究"获省中医管局三等奖。

● 1993 年 1 月　四川省中医学会授予优秀论文一等奖。

● 1996 年 10 月　四川省科学技术学会授予四川省优秀学术论文奖。

● 1996 年底　运用自拟外用配方和口服经验方，成功处置四川省德阳市旌阳区群体性"奴卡氏菌感染"，传为佳话。1997 年在四川省科学技术学会召开的科学技术进步工作总结会上表彰钟以泽同志为此做出重大贡献。

● 1998 年 2 月　参编的《现代中医治疗学》被四川省中医药管理局授予中医药科学技术进步二等奖。

● 1998 年 7 月　四川省人事厅、卫生厅、中医药管理局共同授予四川省首届名中医称号。

● 1998 年 10 月　享受中华人民共和国国务院特殊津贴。

● 2002 年　获评国家中医药管理局第三批全国老中医药专家学术经验继承指导老师。

● 2006 年 12 月　获中华中医药学会中医药传承突出贡献奖。

● 2008 年 8 月　获评国家中医药管理局第四批全国老中医药专家学术经验继承指导老师。

● 2013 年 4 月　获四川省第二届十大名中医称号。

● 2017 年 7 月　获评国家中医药管理局第六批全国老中医药专家学术经验继承指导老师。

● 2019 年　国家中医药管理局在四川省中医医院建立"钟以泽名医工作室"。